FINANCE + TECHNOLOGY
→ FINTECH

金融科技

大数据、区块链和
人工智能的应用与未来

余丰慧◎著

ZHEJIANG UNIVERSITY PRESS
浙江大学出版社

从金融大国到金融科技强国

郭田勇：中央财经大学金融学院教授、中国银行业研究中心主任

截至 2016 年年末，中国银行业金融机构资产总额 23225 万亿元；截至 2017 年 7 月 7 日，A 股上市公司总数达 3302 家，总市值 53.94 万亿元，成全球第二大市场；截至 2016 年年末，中国共有保险机构 203 家，保险业总资产达 15.12 万亿元，为社会提供风险保障 2372 万亿元……毫无疑问，中国已成为金融大国。

另一方面，中国金融市场的广度与深度都不够，不敢完全对外开放，货币调控上也受制于他国。这一切都说明，中国还远不是一个金融强国，与我国全球第二大 GDP 的经济地位极不相称。

我曾在 2013 年撰文指出，中国要从金融大国变身金融强国，需要进一步深化改革，同时，中国需要培育良好的金融文化。这显然是一个较长的过程。

不过，今天我们看到了一条捷径：先成为金融科技大国，再通过科技创新倒逼金融改革，从而弯道超车，变身金融强国。

这一路径并非没有可能。在被誉为全球第四次科技革命的金融科技浪潮中，中国已经拿到了首批入场券，占得先机。在全球各大金融和创新中心争当"世界金融科技枢纽"时，中国不仅迎头赶上，而且成为超越美、英等的科技大国。我们再看一组数据：2016 年，咨询公司毕马威与投资公司 H2 Ventures 的年度研究表明，全球排名前五的金融科技创新企业中，有 4 家来自中国；《安永 2017 年金融科技采纳率指数》调查报告指出，全球金融科技采纳率的均值是 33％，在 20 个样本市场中，中国以 69％居于首位；2017 年 7 月，全球金融科技领域至少完成 47 笔融资，其中 25 笔来自中国，美国有 8 笔。

英国《金融时报》称，中国已成为世界第二大金融科技最具潜力国家。随着中国等新兴金融科技市场创新公司数量迅速上升，它们将以"颠覆者"的姿态领先世界，并影响世界金融科技风向，改变传统的金融行业布局。

应该看到，金融科技已经在全球主要经济体形成了竞争态势，我国金融科技抢占制高点，既依赖于企业主体的竞争力，也取决于政策主体的创新力。我一直坚持认为：科技创新一定会改变中国的金融生态。

首先，金融科技为解决融资难题提供了一把钥匙。中小微企业融资难题已经谈了很多年，监管部门花了很大的力气，但一直收效甚微。在这一问题上，我们不能把责任全部推给传统银行，传统银行从风险防范角度考虑，也有自己的"苦衷"：一是信息不对称，大银行要想充分了解中小微企业的信息是非常困难的，信息不对称对银行来说就意味着高风险；二是征信成本太高，从而影响金融服务的效率，也客观上推高了企业融资成本。

这两点实际上均是由我国滞后、低效的征信体系导致的。尽管央行早在

2004年就成立了征信中心,但至今该征信中心的数据在深度、广度、开放性上存在明显不足,不少用户甚至没有任何信用记录。而金融科技企业利用大数据开展征信则有得天独厚的优势。阿里巴巴、腾讯等互联网企业积累了大量交易与社交数据,它们通过抓取用户各种各样的生活场景,再通过分析这些生活场景来准确判断融资者的信用风险,甚至还款意愿,突破了长期以来束缚我国金融机构施展拳脚的信用瓶颈。

其次,金融科技有助于实现普惠金融(Inclusive Finance)。普惠金融在国际上通常被称作包容性金融,是指能有效、全方位地为社会所有阶层和群体提供服务的金融体系。2013年11月,发展普惠金融被正式写入十八届三中全会决议,金融科技企业可谓生而逢时。蚂蚁金服"借呗"在推出后的10个月内用户数即达到1000万,放款规模为3000亿元。在用户结构方面,90%以上的客户是"80后""90后",有近四成的用户来自三、四线城市。这些人群若想通过银行贷款,几乎是不可能的,且不论其还款能力,光资金需求规模小(甚至只有几百块、一千块)这一点,就会被银行拒之门外。

第三,促进金融服务便利化,优化金融体验。传统的金融服务是后延式的、被动式的,而金融科技服务是实时交互的,可以更好地满足用户体验及用户日益多样化的金融需求。无论是阿里小贷、深圳前海微众银行,还是P2P平台,放款都非常快,有的平台从借款到放款可以在5分钟之内完成,这是传统金融机构不可想象的。当然,这背后离不开金融科技提供的征信支撑。

第四,为用户提供了更高的收益和更便宜的服务。余额宝就是典型的例子。再比如智能投顾,可以大大提高财富管理的效率,降低客户成本。如今,高盛已经尝试将数百万美元的客户资产交给智能投顾去打理。

第五,为金融监管提供便利。如本书中所提到的上海证券交易所应用大数据查基金"老鼠仓"，通过建立多种数据分析模型，锁定基准日，筛查高频户，并结合账户开户、历史交易情况等，寻找案件线索，确定嫌疑账户，将一只只"硕鼠"揪了出来，实现了精准打击。

金融科技是新生事物，其健康成长离不开行业的自律，离不开监管的适度呵护，更离不开国家战略层面的引导和定位。如今，金融科技已纳入"十三五"规划，相信在国家战略引导、监管逐步完善、企业不断创新的发展态势下，中国金融科技将继续保持领先优势，并带动整个金融业弯道超车，在可期的未来，使中国成为继英国、美国之后的第三大金融强国！

在这一形势下，余丰慧先生《金融科技：大数据、区块链和人工智能的应用与未来》一书的出版，可谓恰逢其时。说金融科技是革命也罢，颠覆也罢，于国于民，其积极意义大于消极意义，这是无疑的。虽然从当前看，金融科技某些领域内乱象丛生、争议不断，但瑕不掩瑜，一个新的时代正在来临！

余丰慧先生从事金融与银行工作37年有余，是一位老金融人，既从事过银行基层具体业务，又长期从事管理工作，长期投身于传统金融之中，对传统银行金融有着深刻的了解。同时，也是较早研究互联网新金融的人士和金融评论家，先后撰写互联网金融文章近百篇。作者对传统金融与互联网新金融二者的情况有着比常人更深的理解和认识。

希望本书能够对所有关心、热爱互金融科技的读者有所帮助。同为金融研究工作者，我也相信，本书能够对传统金融行业迎接互联网新科技有所启迪，能够给金融监管部门以及监管者了解观察互联网新金融提供思路。

"新纪元"的路上，你我都是同行者

田颖：OKCoin币行副总裁、《图说区块链》作者

技术改变生活，这句话并没有过时，而是随着金融科技的浪潮再一次回到我们身边。

金融科技正在掀起一场史无前例的革命，它不仅是金融业的革命，更是全社会乃至全人类的革命。在这场革命中，你我都是参与者，也都是同行者。根据一份花旗集团2016年研究报告显示，FinTech近5年来吸引的投资额累积达到497亿美元，增长超过10倍。

作为从业人士，我认为，金融科技想要真正在未来10年、20年内迅速成长起来，少不了以下三种推力：

第一，需要法理上给予一些定义。在这一点上，本书作者余丰慧先生也提到，"金融科技需要监管，但不是监管至死"。目前我国对于区块链等金融科技领域没有明确的监管条例和法律界定，业界的呼吁也无非是"沙箱监管""分类监管""科技监管"几种。其中，沙箱监管目前在英国、新加坡等国家已经实施，主要是通过提供一个"缩小版"的真实市场和"宽松版"的监管环境，在保障消费者权益的前提下，鼓励金融科技初创企业对创新的产品、服务、商业模式和交付机制进行大胆操作，这种模式和中国的"试点"模式类似，是相对比较有借鉴性的监管模式之一。

其实,在一些新兴领域,我们国家或者说很多国家的法律往往是滞后的,都是事实已经发生,而后大家再研究该如何在法律上定义和管理,在金融科技领域也是一样。金融科技要想得到更广泛的应用,首先需要的就是一个明确而良好的法理界定。

第二,需要资本和政府的支持。我们知道,2016 年 3 月,全球金融治理的牵头机构——金融稳定理事会发布了《金融科技的描述与分析框架报告》,第一次在国际组织层面对金融科技做出了初步定义,即金融科技是指通过技术手段推动金融创新,形成对金融市场、机构及金融服务产生重大影响的业务模式、技术应用以及流程和产品。而后,2016 年 7 月,在银监会下发《中国银行业信息科技"十三五"发展规划监管指导意见(征求意见稿)》中也增加了包括"互联网＋"、云计算、大数据、区块链、信息安全和产业协同等方面的内容。到了 2017 年 7 月,国务院印发了《新一代人工智能发展规划》(以下简称《规划》),提出了面向 2030 年我国新一代人工智能发展的指导思想、战略目标、重点任务和保障措施,部署构筑我国人工智能发展的先发优势,加快建设创新型国家和世界科技强国。

可以说,政府在金融科技的发展上已经给了很大力度的支持,而资本的支持也是非常可观的,腾讯、阿里巴巴对于人工智能等领域的全力投入已经无需赘言,仅从区块链行业来看,在 2015 年、2016 年,每年都有几十亿美元的投资,几十亿听起来好像也不少,但是这些都是初级阶段的投资,一旦技术发展到成熟阶段,那么需要的资本注入只会更多。

第三,需要复合型人才的加入。举个例子,我所从事研究的区块链技术领域,它需要的就不仅只是会代码的人才。比如说我们要想做智能合约,智能合约首先是一种合约,它是一种法律约束,只不过是把法律语言放到了链上，或者说放到代码里，因此需要的是法律和编程的复合型人才。

所以，我们需要更多的人才加入金融科技这个行业。为此，我和业内的很多朋友，都在义务做金融科技的科普工作。实际上，在社会教育和知识普及方面，国家已经先行动了，包括我们之前提到的人工智能规划。只有当越来越多的业内人士开始科普金融科技，也有越来越多的人愿意去了解金融科技进而加入金融科技行业的时候，才是金融科技真正的"天时地利人和"的蓬勃发展期，那时，才是金融科技真正渗透到每个人生活点点滴滴的时候。

区块链技术、人工智能、大数据、云计算都是金融科技领域的知名技术方案，这些技术都在悄悄改变着人们的日常生活。而《金融科技：大数据、区块链和人工智能的应用与未来》一书正是用一种看似章章独立，却又暗自成线的逻辑向您展示金融科技的起源、发展、未来走向，抽丝剥茧般地剖析金融科技与互联网以及人们日常生活的关系。本书主要着眼应用层面，它可能并不能让您直接明白人工智能是怎么"制造"的、区块链是怎么"编程"的，但是，它能够让您最直观地感受到金融科技的颠覆性和魅力。

如果您想全面、透彻地了解金融科技，想要亲自感受这一场"正在发生的未来"，那么本书或许不容错过。

新金融大潮汹涌而来

在完成第一部《互联网金融革命》一书后,争议之声四起,对于"革命"二字持不同意见者很多。不过,无论有多少争议,都始终没有挡住我研究互联网金融与金融科技的步伐,我把它们统称为"新金融"。

对新金融的痴迷,完全是我自身的原因。我在体制内的国有金融企业工作 37 年有余,从基层储蓄员、信贷员到基层行长,又到分行部门负责人,几乎在所有业务部门都干过。这么多年来,我目睹了中国经济金融改革、开放的全过程,特别是对体制内传统金融的一些弊端,我看得很清楚,也非常着急。

以互联网+为代表的新经济出现后,带动起来的互联网新金融或曰金融科技,让我眼前一亮,它正好击中了传统金融的软肋,击中了目前中国金融业存在的、传统金融无法解决的问题,吸引我如饥似渴地学习、研究。

我的优势是对传统金融了如指掌,通过新金融与传统金融对比,对新金融的认识或许比一般人更深刻。我的劣势是对互联网及新技术不太懂，但这并不影响我对金融科技在理论上的研究、趋势上的把握、方向上的预测，并不影响我为新金融摇旗呐喊，促进其发展。

众所周知，最早出现互联网金融业态的中国，目前互联网金融正进行整顿、规范。披着互联网金融"马甲"的P2P被整顿、规范后，网络第三方支付、互联网金融理财、数字货币等领域也引起了监管层的关注。在这个互联网金融、金融科技"野蛮生长"的当口，出版本书似乎有些不合时宜，也需要勇气。

这里要感谢优质内容运营平台"考拉看看"的鼓励与帮助，让我有勇气决定出版这本书，也要感谢浙江大学出版社的大力支持，提出许多建设性的修改意见。

我曾经预言，顺应新经济发展大势的互联网金融、金融科技是一个大趋势，尽管其在发展过程中会出现这样那样的问题，如今，现实已经做出了最好的回应。目前，小额、短期、普惠的金融业态蜂拥而至，关于智能投资顾问、区块链技术、数字货币等的研究如火如荼……

从中可以看出，互联网新技术、新科技带来的商业金融模式变化是革命性的，金融服务可以伸展到任何一个死角，这预示着，科技正在使得金融走向真正的普惠，使得长尾金融服务成为潜力最大的市场。

美国消费信贷极度发达，负债性消费群体非常庞大，但金融工具是银行信用卡。花旗银行在银行信用卡崛起时紧紧抓住了机会——就像福特在美国汽车业崛起时抓住机会一样——不仅促进了美国消费的大发展，也使得花旗银行在信用卡业务上赚得盆满钵满。

花旗银行信用卡刷卡消费兴起于第二次工业革命与第三次工业革命之间。如今，新一轮科技革命来临之际，花旗等传统银行的信用卡透支消费模式似乎已经落伍了。在工业 4.0 核心技术之一的互联网带动下,金融业出现了革命性的发展与变革,消费金融大有取代传统信用卡之势。比如,一般民众急需的小额短期消费贷款需求,在一部手机上就可以轻松搞定。

新金融对传统金融的冲击不仅是革命性的,而且越来越猛烈。我分析这种冲击大概会经过以下三步:

第一步,以互联网,特别是移动互联网为特征的新经济引发的浅层次的互联网金融业态的出现对传统金融的冲击。比如,移动支付手段,互联网理财产品,消费贷、现金贷等网贷模式,互联网平台代理金融产品销售等。

第二步,随着大数据、云计算、人工智能等技术在金融业的渗透与应用,传统金融的一大块地盘将会被侵蚀掉。当然,传统金融也正在积极转型,拥抱新技术,伴随而来的是传统金融裁员、部门调整,未来金融分析师、股票分析师、理财师等一部分岗位将被智能机器人代替。第二步对传统金融的冲击远远超过第一步。这种冲击一方面来自互联网,更多的是来自金融科技的迅猛发展。

第三步的冲击最为猛烈与彻底,即区块链技术的发展。无论是中国最早的贝壳货币,还是英国金匠铺奠定的金融银行雏形,金融从诞生那天起就是中介化、中心化的东西。在中介化、中心化这个主轴上逐步出现了货币、银行、证券、保险、基金、外汇、期货、贵金属市场等中介化、中心化的金融业态,这种中介化、中心化的金融产物几百年、上千年都没有动摇过,包括目前的互联网金融业态也是在这一模式下产生的。

如今,区块链技术的发展正在彻底颠覆传统金融,包括互联网金融。一旦区块链技术在金融领域全面渗透应用,前述银行、证券、保险等传统金融业态,以及支付宝、微信支付等互联网金融业态都将被颠覆。

现代科技的冲击是无情的，而且是势不可挡的，我们的金融机构与金融从业人员准备好迎接这一革命性的冲击了吗？2017 年 11 月，中国人民银行印制科学研究所招聘相关专业人员，从事数字货币研究与开发工作。此前，央行已多次招聘类似人员。除了银行之外，目前蚂蚁金服、宜信、网信集团等多家金融科技企业也在纷纷布局区块链技术。

金融科技发展日新月异，本书出版时会出现两个问题：一是一些观点、内容可能已经过时，二是本书未关注到的一些金融科技新业态又会涌现出来，人工智能科技、区块链技术等也会出现最新应用成果。这就决定了本书只能是挂一漏万，甚至会有许多过时、错误的观点，还请读者与专业人士包涵与谅解。

最后，感谢中央财经大学金融学院教授、中国银行业研究中心主任郭田勇先生，OKCoin 币行副总裁、《图说区块链》作者田颖女士为本书作序；感谢为本书做出努力和贡献的所有人员。

余丰慧
2017 年 11 月 5 日

02　从互联网金融到金融科技　　043

05 第三方支付"战国时代" 171

金融科技：正在发生的未来

　　新一轮科技革命潮流已经滚滚而来，以互联网、大数据、物联网、云计算、智能化、传感技术、机器人、个性化定制、区块链技术、VR（Virtual Reality，虚拟现实）、AR（Angmented Reality，增强现实）、MR（Mix Reality，混合现实）、AI（Artificial Intelligence，人工智能）等为特征的新科技势不可挡！

　　从1995年算起，互联网进入中国已经22年了。这22年来，中国互联网事业得到巨大发展，BAT（百度、阿里巴巴、腾讯）等一批互联网巨头诞生于中国，耀眼于世界。但一个现象或许许多专家都没有预测到，那就是互联网科技与金融扯上关系。

　　不过，如果从经济金融专业的角度看待互联网与金融从恋爱到结婚，最后诞下互联网金融这一国内特有产物的话，这也属于极为正常的现象。经济决定金融，有什么样的经济就会随之诞生什么样的金融，这个顺序不能颠倒，即先有经济或者经济产业运行很长时间后，才会自然而然产生金融需求，这时金融创新就会悄悄走来。如果把2013年称作中国互联网金融元年的话，那么在中国互联网诞生22年后，互联网金融才刚刚露头。

从中国发起的互联网金融，到欧美发达国家目前发展得如火如荼的金融科技（FinTech，Finance＋Technology的缩写），可以说互联网金融升级了，开始向更高层次迈进了。从根本上说，无论是中国式的互联网金融，还是欧美科技含量更高的金融科技，都是建立在大数据、云计算、人工智能等科技基础上的。如果说中国式互联网金融是互联网金融1.0版本的话，那么，欧美的金融科技就是互联网金融的2.0版本。

要理解互联网金融及其升级版金融科技，我们必须首先认识金融的本质是什么。

金融的本质是信用，互联网金融、金融科技的本质同样是信用。互联网金融、金融科技的本质在于改变了信用这一金融本质的搜集、撷取、获得的方式，使得信用的获取更加主动、高效、准确，从而使得金融交易的风险大大缩小，防范风险的能力大幅度提升。互联网金融、金融科技必须建立在大数据对金融交易对象信用状况等一系列金融信用行为的挖掘和分析基础上，因此深刻了解大数据概念非常重要。

那么，什么是大数据呢？

大数据或称巨量资料，指的是所涉及的资料量规模巨大到无法通过目前的主流软件工具，在合理时间内被撷取、管理、处理，并整理成为帮助企业经营决策的资讯。大数据指不用随机分析法（抽样调查）这样的捷径，而采用分析所有数据的方法。大数据有"4V"特征：Volume（大量）、Velocity（高速）、Variety（多样）、Value（价值）。

以上分析决定了互联网金融、金融科技必须具有如下特征：

一是以大数据、云计算、社交网络和搜索引擎为基础,挖掘客户信息并管理信用风险。互联网金融主要通过网络生成和传播信息,通过搜索引擎对信息进行组织、排序和检索,通过云计算处理信息,有针对性地满足用户在信息挖掘和信用风险管理上的需求。

二是以点对点直接交易为基础进行金融资源配置。资金和金融产品的供需信息在互联网上发布并匹配,供需双方可以直接联系和达成交易,交易环境更加透明,交易成本显著降低,金融服务的边界进一步拓展。

三是通过互联网实现以第三方支付为基础的资金转移,第三方支付机构的作用日益突出。

目前互联网金融的八种业态,即互联网第三方结算支付、基于大数据分析挖掘的网络小贷公司、基于大数据分析挖掘的网络银行、P2P网络借贷、众筹融资、金融机构创新型互联网平台、基于互联网的基金销售、余额宝等"宝宝"类互联网产品,都离不开大数据对信用的挖掘与处理,否则其就不是真正的互联网金融。

01

全人类都在发生
的变革

还记得前两年风靡各行各业的"互联网精神"吗？在那个言必称"互联网＋"的时候，在那个"猪都能飞"的年头，乐视网估值2005亿元，成为创业板市值第一股，小米估值高达450亿美元，引多少人艳羡！如今，互联网风头依旧强劲，但有个词已经取代互联网，成为各类并购重组"讲故事"的开场白，成为各路资本"买买买"的兴奋剂，它就是FinTech——金融科技。

金融科技到底有多火，从近年来走马灯式召开的各类论坛、峰会便可见一斑。据笔者不完全统计，2017年与"金融科技"相关的论坛峰会共有45场，几乎每个星期召开一次。

2016年被称为金融科技元年，2017年则是全球金融科技的爆发之年，从商业模式转型、全球监管改革、中国市场进一步开放，到传统金融积极引入金融科技、前端支付科技与后端风险管理合力发展，金融科技正逐渐成为未来企业竞争的技术壁垒。于是，媒体直呼：金融科技的3.0时代已经来临！

回顾金融科技三大发展阶段：

1.0时期，科技初步结合金融业务。在1.0阶段，科技作为金融工具，以技术替代人工，提升了金融业务的数据计算、存储与传输效率。该时期的金融科技仅停留在概念阶段。

2.0 时期，科技服务金融创新，如第三方支付、网络借贷、一站式综合金融服务、众筹等。该时期金融科技存在的主要问题是：数据资源难以共享，影响金融科技的基础设施建设，导致技术无法深度应用。

3.0 时期，对大数据进行全面挖掘、整理分析，金融科技服务从概念阶段真正落到实际应用，打通数据孤岛，科技应用大幅提升金融效率。

第一节　正在被颠覆的金融市场

继互联网金融之后，金融科技正在成为新的风口。随着大数据、云计算、人工智能、区块链等一系列技术创新全面应用于支付清算、借贷融资、财富管理、零售银行、保险、交易结算等诸多金融领域，科技对于金融的促进不再局限于渠道等浅层次的方面，而是开启了真正的"金融＋科技"的深层次融合。一场新的技术革命正在最古老的金融行业全面展开。

以欧美互联网企业、金融企业为例，建立在大数据、智能化、云计算、物联网、互联网、移动互联网、智能互联网、区块链等技术上的金融科技正引起金融业一场前所未有的变革与大颠覆。目前重点在两个方面：

（一）智能金融科技。它包括类似于 Siri 的人工助手 EVA，智能投资顾问（以下简称智能投顾）等人工智能（AI）。2016 年，摩根大通、花旗、德银、日本银行等国际著名投行先后斥巨资投资智能投顾。2017 年上半年，国外至少有

7家AI驱动的网络安全公司获得新一轮融资,其中技术多为云计算、大数据、区块链、人工智能、互联网技术及监管等。这些新科技深受各大金融、科技型企业青睐,也引来众多资本追捧,融资总额接近30亿元。试想,象征着金融业高端服务的智能投顾都可以被人工智能替代,那么还有什么是不可替代的呢?现金、支票、银行卡、自动柜员机、物理性银行网点、庞大的金融银行员工队伍,甚至证券投行的分析师都将被淘汰出局,现有银行的金融服务业态将被彻底改变,传统银行金融业务将成为历史。这就是金融科技的革命性和颠覆性所在。

很快,金融科技对传统金融包括银行的冲击就像电商的发展对传统商场的冲击,又恰似优步(2016年8月1日优步中国被滴滴出行收购)、滴滴等网络叫车模式对传统出租车行业的冲击,令人始料未及。

(二)数字货币领域。以区块链技术为核心的数字货币,大有替代主权货币的趋势,各国央行都或被冲击。数字货币的出现或将使得包括世界各国央行在内的金融机构都面临巨大挑战。因为央行基于纸币而存在,其作用在于调节流通中的货币供应量,即掌控货币政策。而货币政策的核心在于调节流通中的货币量。而基于区块链技术的数字货币从发行到流通都是可记录、可追溯的,数量是一定的,不需要以人为意志来调节,网络技术会自动完美匹配。因而,"通货膨胀"这个名词或将进入历史教科书。

金融科技已经发展到颠覆传统金融组织体系和机构的地步。这是一个非常值得警醒的现象,这或预示着未来新的金融体系组织架构的出现,或预示着传统金融机构组织架构将被彻底颠覆。就连前美国财政部长萨默斯(Larry Summers)都表示,区块链技术"极有可能"永久改变金融市场。这就是其所具有的根本、彻底、完整的革命性与颠覆性之所在。

值得重视的是，欧美在金融科技的技术应用方面比中国互联网金融要广泛得多，中国目前虽然在智能制造领域风起云涌，但是在智能投顾、数字保险等领域仍处于追赶阶段。在这股金融科技之风迅猛刮来之际，欧美金融机构包括高盛、摩根大通、花旗银行等都与互联网科技"攀亲"，纷纷表示自己是科技公司，而中国的银行业大都还在酣睡之中。

下文我们先从几个大家熟悉的案例谈起，由表及里、由点到面地来了解一下互联网科技、人工智能对传统金融业乃至传统工商业的颠覆。

● AlphaGo 的故事

谷歌公司开发的阿尔法围棋（AlphaGo）是第一个击败人类职业围棋选手、第一个战胜围棋世界冠军的人工智能程序。2016 年 3 月，AlphaGo 以 4∶1 的总比分战胜围棋世界冠军、职业九段棋手李世石，从此声名鹊起；2016 年年末至 2017 年年初，该程序在中国棋类网站上与中日韩数十位围棋高手进行快棋对决，连续 60 局无一败绩；2017 年 5 月，在中国乌镇围棋峰会上，它以 3∶0 的总比分大胜排名世界第一的围棋世界冠军柯洁。

围棋与国际象棋相比，棋法棋局变化更多，谋篇布局更加复杂。这对于程序化的人工智能技术要求更高，而东亚又是世界顶尖棋手云集地。中国、日本和韩国是世界围棋冠军的诞生地。在这样的情况下，AlphaGo 能够战胜多位围棋世界冠军，绝对是人工智能的全胜。人工智能挑战人类已经不是梦。

信息技术已经先后彻底改变了娱乐、媒体和零售业的生存发展方式，如今，人工智能再一次战胜了象征人类最后智慧堡垒的围棋，信息技术和人工智能是否也会颠覆金融业呢？回答是：Yes!

中国互联网金融以 2013 年余额宝诞生为标志,对传统金融业带来了颠覆性冲击。支付行业基本被互联网金融彻底颠覆,特别是移动支付的大发展,使得传统银行业遭遇空前危机,移动支付革命正在席卷全球。过去,传统银行等金融机构利用金融特殊企业的优势地位,享受着支付领域的超级红利。世界范围内,银行从支付服务中获得的收入达到 1.7 万亿美元,占银行业总收入的 40％。而今,这块巨额蛋糕已被支付宝钱包、微信支付、苹果支付、三星支付、谷歌支付等快速瓜分。

从信用借贷中介看,传统银行业遇到了空前的放贷难。这同样缘于互联网金融的小额贷款公司以及 P2P 互联网金融点对点借贷平台的冲击。浙江网商银行、深圳前海微众银行等互联网银行业务迅猛发展,对传统银行信用借贷业务冲击巨大。同时,以余额宝为代表的各类互联网理财产品业务给传统银行、证券、保险、基金业都带来一定的冲击。

以上只是代表了互联网金融初始阶段的发展状况,如今,互联网金融的升级版——金融科技浪潮已经扑面而来。

首先,以 AlphaGo 所代表的人工智能向金融领域大踏步挺进是第一个标志。一款围棋游戏程序不过是人工智能发展至今的冰山一角,向金融高端服务领域发展才能真正显示出智能化的威力。

而机器人投资顾问及其带来的自动化投资服务,就是典型案例和趋势。过去几年,风投面向消费者的金融技术投入了超过 10 亿美元的资金,而机器人顾问吸引了其中大量的份额。花旗集团曾有报告指出,机器人顾问所管理的资产从 2012 年的零,激增到 2014 年年底的 140 亿美元。有报告预测,在未来 10 年时间里,机器人顾问管理下的资产将会呈现爆发式增长,有望达到 5

万亿美元。

2016年2月，彭博新闻社的软件工程师曾宣布，该公司正在测试一个模型，通过此模型，可以提升判断上市公司财务表现是否会超过预期的准确率。建模的过程是用过去14年的历史数据设计出一个函数，以股市数据为参数。模型测试结果显示，准确率已达60%以上。

在美国，理财顾问按小时收费，约300美元一小时，一般投资者难以承受。因此，一些金融科技公司抓住行业痛点，通过先进的算法和互联网技术，把各式投资服务以低廉的价格推广给投资者。

由此来看，人工智能不仅挑战李世石，很快也会挑战高端金融服务的分析师们。

其次，金融科技开始挑战货币主权。基于数字货币核心技术基础的区块链技术正在风靡全球，全球多个大投行特别是华尔街的巨头们，正在斥巨资研究区块链技术。具备去中心化、多点链接、信息共享可挖掘分析等特点的数字货币将是大势所趋，预计很快就会与现行货币抗衡，甚至直接挑战现有央行模式。

同时，围绕网络支付特别是移动支付，各网络巨头正在打造消费、理财、投资、生活服务、娱乐、文化等全方位支付圈子。也就是说，只要你使用网络支付，比如微信和支付宝钱包，就可以在这个平台上完成任何有关支付的事情。资金根本不需要提现，仅仅在平台上的账户间转移即可，这就形成了一个支付或者说数字货币的闭环。未来，这种"小王国"般的闭环会产生几个甚至更多。

再次，互联网金融、金融科技或将使得传统银行业"支离破碎"，支付、信用中介、投资理财等业务将来或被彻底分散开来。在互联网科技的冲击下，大而全的传统银行或不复存在，因为金融科技公司完全可以肢解、取代其中各个环节。

虽然互联网金融的概念率先在中国出现，而金融科技却从全球发起，其本质都是基于互联网、大数据、云计算、智能化等。同时，金融科技都是由全球顶级投行、顶级IT公司发起，投巨资开发的，这也就预示着金融科技对传统金融业的颠覆性、冲击程度或将远超互联网金融。笔者一直坚持认为，互联网金融对传统金融的颠覆性和革命性是毋庸置疑的，这将在其升级版金融科技中更加明显地反映出来。

英国《金融时报》首席经济评论员马丁·沃尔夫，在2016年3月10日于FT中文网发表《信息科技能否颠覆金融业？》一文，文章结尾说：金融业，尤其是银行业，的确需要一场革命。这场革命需要我们小心对待，密切关注。掀起这场革命的就是金融科技！

● 大数据挖出基金"老鼠仓"

2013年来，上海证券交易所开展了旨在打击"利用非公开信息进行交易"的"捕鼠行动"。市场监察部依托数据仓库，创造性地开展大数据应用，建立多种数据分析模型，深度挖掘，寻找案件线索，通过锁定基准日、筛查高频户，并结合账户开户、历史交易情况等，确定嫌疑账户，将一只只"硕鼠"抓了出来。两年以来，上交所先后上报基金"老鼠仓"案件线索20余件，涉案金额上百亿元，利用大数据分析方法，实现了精准打击。

今天，证券期货基金市场无论是投资者开户还是交易，无论是交易场所还是投资分析，无论是股票期货基金托管还是交易资金的银行第三方存管，所有交易活动完全是网络电子化的。任何投资者只要发生交易活动，都会在网络上留下足迹，并且，这种足迹可以追查寻觅到每一个具体的投资者本人，这就为大数据在资本市场的运用奠定了基础。大数据几乎可以在资本市场发挥"无所不能"的作用，包括挖出基金"老鼠仓"。这与传统监管手段完全处于被动地位相比较，简直是一个质的变化和大飞跃。

传统监管方式是被动的、效率极低的，就像隔墙扔砖头，砸着谁是谁。逮住的是个别的，是虾米；放走的是大多数，是大鱼。传统监管方式查证券基金"老鼠仓"等违法行为主要有两种方式：一是监管部门人员突然袭击，出现在证券基金公司，让所有人员立即离开，然后在证券基金工作人员电脑中现场检查发现线索。二是依靠内部举报，包括办公室的同事举报，夫妻因离婚财产分配不均举报、基金经理的"小三"举报等。这些听起来很刺激，很有戏剧性，但更像是电视剧、电影里的桥段，在现实中毕竟只是极端的个例，显然不可能成为常规化监管手段。

而利用大数据分析挖掘基金"老鼠仓"，监管方式是主动的、全面的、高效的，不会放过任何一只"老鼠"。用大数据挖"老鼠仓"，主要是基于沪、深两大交易所每天的海量数据，根据"老鼠仓"的主要特征，筛选出若干种最具"老鼠仓"特征的数据指标，在海量数据平台上每时每刻进行抓取。面对大数据利器，"老鼠仓"很难有漏网之鱼。正如大数据的鼻祖、美国第二大百货公司——塔吉特（Target）为了获取孕妇信息而最早投放广告抢夺孕妇客户一样。塔吉特公司根据怀孕者的消费习惯筛选了20多种产品，通过"大数据"抓取分析，最终截获客户，获得成功。

从现有的公开资料来看，监管机构的大数据主要是沪、深两大交易所各自掌握的监测系统，主要分为对内部交易的监察、对重大事项交易的监察、联动监察机制和实时监察机制四个方面。这套监控系统有一定的大数据分析能力，并有实时报警等功能，主要是对盘中的异常表现进行跟踪和判断。

这是传统抓"老鼠仓"方式无法比拟的。传统监管方式就像用一线鱼钩垂钓一样，是被动坐等鱼儿上钩。而借助大数据挖掘分析，就像向大海中撒了一张大网，一旦有异常情况就可以自动收网。

因此，监管部门必须转变监管思路。过去那种以"人海战术"为主的监管方式，必须转变为以互联网思维、互联网金融、大数据模式为主的高效主动的监管方式。此前有媒体报道说，证监会正在扩大稽查总队的阵容，人数或将在300人的基础上再扩编300人。动不动就增加人员、采取人海战术还是传统思维在作怪。阿里小贷借助于大数据挖掘，凭借300多个员工，就给70万家小微企业放贷款，累计放贷已经超过1000多亿元，这是传统银行不可想象的。其实它依托的就是高效的高科技手段大数据，而不是人海战术。

随着互联网的普及，特别是移动互联网的迅猛发展，所有社会、经济、文化等活动都将被互联网化，都将由线下搬上网络。这就意味着无论是自然人还是法人，都将越来越广泛、越来越频繁地在网络上留下印记和足迹。通过大数据对这些足迹进行挖掘，将会挖出一座"大金矿"。

大数据挖出基金"老鼠仓"这件事启示我们，大数据不仅具有商业价值，而且也是监管经济金融活动甚至是反腐败的利器。政府官员及其家属、亲朋好友的通信、经济活动、财富存款、消费社会足迹等都可以通过大数据被挖掘出来。比如，银行、证券、基金等系统的数字化已经比较完善，未来不动产也将实现全国联网，这将使得政府官员及其家属、亲朋好友的一切家庭个人财务活动都被"晒"在互联网上阳光下。一旦暴露出任何异常的蛛丝马迹，都将成为反腐败的重要线索。

将大数据分析挖掘应用到证券基金监管领域中绝对是一个正确方向，必将成为超越传统监管方式的一把高科技监管利器。笔者认为，对大数据的研究与应用应该尽快上升到国家战略层面，作为重大科技项目全力推进，这不仅仅是为了科技和经济的发展，也是为了反腐败乃至日常的社会治理。

● 大数据成阿里打假利器

提到淘宝，大家首先想到的一个词可能就是"假货"。2016 年 5 月 14 日，国际反假联盟（IACC）暂停了阿里巴巴的会员资格，原因是该联盟其他各大品牌对阿里巴巴的打假承诺感到担忧。而这距阿里巴巴加入国际反假联盟仅一个月时间。

实际上，阿里巴巴对打假从来都没有松懈过，为改变淘宝在公众心目中的尴尬形象，其在打假方面可谓是煞费苦心。然而，面对制假售假战场战略转移，即由过去的以线下为主转移到以线上为主的新特点，利用传统线下打假的方式和手段必然扑空，甚至出现假货越打越多的局面。怎么办？

阿里巴巴使出最具优势的杀手锏，将大数据运用到打假上。用马云的话来说，这么多年来，用传统的手段、机制和措施打假，"打而不绝，越打越多"，今天是时候让互联网公司用互联网的办法，用大数据技术来解决问题了。

阿里发布的《2015 年阿里巴巴知识产权保护年报》披露，凭借多年积累，阿里防控系统实时分析数据的速度已达每秒 1 亿次，成功阻止上亿件涉假商品信息在淘宝发布，通过海量数据分析、提炼、归纳、建模，可直接处理涉假行为，或将涉假信息提供给执法机关并协助开展线下打击。海量大数据挖掘，将使得制假售假行为无处遁形。

打假，是融入企业道德血液的，特别是对于网络平台类企业。像阿里这样的企业不仅会自觉维护自身企业品牌，而且会认识到维护数亿用户权益就是维护自己的根本利益，用户和消费者是其生存之根基。

当然，阿里的平台模式天然注定了其打假防假的难度，同时，阿里巴巴作为一个平台企业在打假上不可能孤军奋战，只有企业、工商部门、司法部门、国际组织等共同努力，才能取得成效。而大数据利器则让打假斗争如虎添翼。

● 百度金融发力教育信贷

2017年2月16日，百度金融与民营职业教育机构新华教育集团举行战略合作发布会，表明百度金融在发力消费信贷取得成效并在教育信贷市场取得领先地位后，继续深耕这一领域。

启动消费、拉动内需是中国经济转型目标之一。2016年中国消费拉动力虽然占GDP的67％，但这是投资出口下降的衰退式占比升高，其中一个原因就是中国消费信贷对消费助力的作用弱化。目前中国消费信贷总额为20多亿元，占整个贷款总额的比例仅为20％左右，而消费信贷发达的美国，其占比达到60％以上。

在崇尚消费以及"花明天的钱买今天的东西"的消费理念等各种因素驱动下，美国消费的信贷水平一直维持在较高水平，整体消费信贷渗透程度高。2015年消费信贷占社会零售总额比例将近70％，消费信贷占GDP比重也一直保持在28.34％，占美国家庭负债23.43％。这些数字也凸显了消费信贷在美国经济中扮演着无可比拟的重要角色。从美国等发达国家看，消费能够成为经济的第一拉动力，除了西方国家民众的生活消费理念影响外，一个最大的推动力就是金融的作用。

未来中国的消费信贷市场将维持20％以上的快速增长趋势，预计在2019年将达到41.1万亿元，消费信贷规模的增长意味着中国的消费金融已经成为新的蓝海市场。

从中国消费信贷结构分布看，住房、汽车等大件商品消费成为消费信贷的主力军。而教育消费信贷，主要是面向学生的过桥消费信贷，在经过前几年传统银行扶持，结果导致坏账大幅度发生后，正在大幅度萎缩。笔者此前在国有银行从事过助学贷款，对此深有体会。而与此同时，像新华教育这样的民营教育机构特别是职业教育机构等根本进入不了"财大气粗"的国有金融机构视野。

同时，传统金融无法满足消费信贷需求与发展。笔者过去在从事助学贷款工作时看到，每发放一笔学生助学贷款，需要贷款学生寻找担保或者抵押，或者由学校出具担保函，因此效率非常低，甚至出现学生快毕业了贷款还没有审批下来的情况。笔者当时总结出有几难：贷款发放难、贷款收回难、追究担保人责任难，并且不良贷款多。而导致这些问题的关键在于传统金融没有甄别贷款人信用程度的科技手段。

实践已经证明，一方面，让现有传统银行业承担支持新消费领域的任务，是很难完成的下策。无论是百姓传统消费还是新消费领域，新经济孕育出的新金融、金融科技、互联网金融才能承担起支持其快速发展之重任，特别是要创新金融与教育融合的新路子，重任自然而然就落在了互联网金融或者金融科技的肩上。而互联网金融或金融科技的普惠性特质使得民营教育、职业教育的信贷需求有了几乎是量身定制的最佳模式。

另一方面,民营、职业教育对新金融科技资源需求旺盛。中国教育的真正希望在于民营教育,中国教育的短板在于职业教育,这是中国第一人口大国的国情所决定的,也是工业4.0的大趋势所要求的。当然,中国民营教育、职业教育的发展也同样离不开新经济、新金融助力,这就是新华教育与百度金融强强联合的意义所在。

那么,新华教育为何选择的是百度金融,而不是互联网金融起步更早的其他企业,新华教育究竟看中了百度金融什么?

百度金融在短短一年多时间内,在教育金融领域持续发力,已经构筑起从MBA学历教育,到在职语言、IT等技能培训,再到初级职业教育全领域的教育金融服务生态体系,合作教育机构数量近3000家,为近40万名学生提供了及时的教育信贷服务,成为职业教育分期信贷服务市场的领跑者,也成为百度生态体系的拳头级产品。它不仅让更多学费不足的学生通过职业教育培训增强就业技能,拓展就业空间,同时还为教育机构扩大了招生来源,并与搜索推广服务在线上线下形成有效的协同作用。信息服务和金融服务正在产生化学反应。

互联网金融,特别是金融科技的发展,使未来相当长的一段时间,是一个金融创新的新时代。教育是个大市场,百度金融正试图利用优势资源为金融行业创造出新东西。百度金融与新华教育的此次战略合作,可以看作百度金融在教育领域金融创新的实际落地。

百度金融虽错过了跑马圈地的红利期,但潜力前景大而广阔。特别值得一提的是,百度试图通过人工智能、用户画像、账号安全、精准建模等领先的金融科技,破题消费金融行业面临的系列挑战。2015年,百度推出个人消费金融权益平台"百度有钱花"，打造创新消费信贷模式，目前已经在多个产业进行探索和布局。

互联网金融过渡到金融科技是大势所趋，中国在互联网金融上走在了世界前列，但在金融科技上已经落伍。而百度成为追赶世界金融科技步伐的代表企业之一，这是因为支撑金融科技的是人工智能，包括目前火热的智能投顾与数字货币，背后都是由强大的人工智能支撑的，在中国金融科技企业中，百度研发人工智能起步早、投入大、成效显著。笔者从权威渠道了解到，百度大脑语音识别准确率达 97％，人脸识别准确率达 99.7％，在国际权威的 FDDB、LFW 等人脸识别检测评测中，百度人脸识别技术均排名第一。2016 年百度世界大会上，百度金融对外公布"成为一家真正意义的金融科技公司"的愿景——利用人工智能等技术优势，升级传统金融，实现普惠金融的梦想。明确"身份识别认证""大数据风控""智能投顾""量化投资""金融云""智能获客"六大金融科技发展方向，并向传统金融机构开放"金融云"，输出全套金融解决方案。

● 金融科技有无限想象空间

从中国的互联网金融到如今如火如荼的欧美金融科技，都对传统金融具有革命性和颠覆性意义。特别是在欧美受到资本热烈追捧的金融科技，正在迅猛发展，并且一发而不可收。

传统金融眼看着金融科技大潮汹涌而来，不禁手足无措。当然，有远见的商业银行、投资银行也已经斥巨资于金融科技的研发，比如智能分析师领域、区块链技术。高盛、摩根大通等甚至宣称自己是科技公司，足以看出金融科技被投资人和市场认可的程度。

欧美的区块链技术已经有了历史性进展和飞跃,被称为金融科技革命的开端。以美国区块链众筹项目 The DAO 为例,短短两周就创造了疯狂的历史纪录。从 2016 年 4 月 30 日创建到 5 月 16 日,区块链众筹项目 The DAO 募集了 1070 万个单位的 Ether(Ether 和此前爆红的比特币一样,都是基于区块链技术的数字加密货币),价值约为 1.19 亿美元。据说,当时一个单位的 Ether 价值超过 10 美元,该数字加密货币的市场价值总计超过 8 亿美元。

在这一案例中,两大革命性特征令人匪夷所思、不可想象。首先,The DAO 是 Distributed Autonomous Organization(分布式自治组织)的缩写,它被追捧为一种全新的分散的金融组织形式,通过计算机代码创建和自动运行,而不是利用传统的企业组织结构运行。它没有管理层或董事会,本质上是一种最纯粹的股东治理形式。也就是说,金融科技已经发展到颠覆传统金融组织体系和机构的阶段,这或预示着未来将有新的金融体系组织架构出现,而传统金融机构组织架构将被彻底颠覆。

前文已经讲过,数字货币的出现或将大大削弱各国央行的控制力。因为央行是伴随纸币的出现而诞生的,其主要功能是调节流通中的货币供应量,即掌控货币政策。而基于区块链技术的数字货币从发行到流通都是可记录、可追溯的,数量是一定的,不需要人为意志来调节,网络技术会自动完美匹配。

笔者的上述论断并非夸张,谁都没想到,在金融机构组织架构上,金融科技颠覆传统的脚步会走得如此之快。

在 The DAO 的案例中,另一个令人意想不到的事情是,金融科技下的投资者使命与作用、投资方向和项目的决策也发生了天翻地覆的变化。The DAO 的众多投资者们要在筹资项目结束之后,再投票决定拿这些钱去具体投资什么。"没有人控制它，它只是个代码。"德国码农、The DAO 的构想者之一 Simon Jentzsch 说，"没有人能单独决定拿这么多钱投资一个或几个产品，都是众人来决定。"至于具体怎么决策运作尚不得而知，只有继续观察。

欧美金融和科技公司正在探寻如何利用区块链技术来确保财款转移，一个叫作"智能合约（smart contracts）"的东西应运而生——基于计算机云技术的金融代码来执行金融合约。从根本上说，The DAO 就是一个大型的、复杂的"智能合约"，它可与风险投资基金相媲美。它提供独有的被称为 DAO tokens 的投票份额，以此换取加密数字货币 Ether。Ether 是 Ethereum 区块链技术中的一个金融组成部分。区块链就像是数字货币的一个庞大、分散的总账，它记录每一笔交易，并将该信息储存于全球网络上，因此该交易数据不能被篡改，安全性相对较高。

实际上，业内还在加速研究区块链技术更为广阔的应用，未来区块链技术在金融服务、共享经济、物联网甚至房地产方面都存在无限的想象空间。区块链技术能够大幅提升资本市场和金融机构的效率，甚至可能引发部分市场功能的脱媒，比如，股票、外汇和杠杆贷款等的交易结算，可能因为区块链技术的引入而彻底改变。就连前美国财政部长萨默斯（Lawrence Summers）都感叹，区块链技术极有可能永久改变金融市场。

足以看出，欧美在金融科技发展上比中国互联网金融要领先很多，中国目前虽然在智能制造方面风起云涌，但是在金融科技、智能金融方面还有待加快发展。

第二节　风起云涌的技术变革

市场中真正占据主导地位的并非价格竞争,而是新技术、新产品的竞争,它冲击的不是现存企业的盈利空间和产出能力,而是它们的基础和生命。

——约瑟夫·熊彼特

1998 年,柯达有 17 万名员工,销售的相纸占全球总量的 85%,但在短短几年里,他们的商业模式消失了,公司破产了。未来 10 年,很多行业将会重复柯达的命运。在 1998 年,没几个人会想到 3 年后再也不用相纸,因为 1975 年才发明的数码相机当时像素很低,但是大家可能忽视了产品的摩尔定律:大多数新技术在很长一段时间内都令人失望,却会在短短几年后成为主流。

柯达的故事每天都在重演:在人工智能领域、3D 打印领域、无人驾驶领域……

未来 5～10 年,软件和操作平台会使大多数传统行业陷入混乱。正如,优步(Uber)只是一家打车软件公司,它没有一辆自己的汽车,却是世界上最大的出租车公司。又如,爱彼迎(Airbnb)是一家联系旅行人士和家有空房出租的房主的服务型网站,尽管它也不拥有任何一间旅馆。

以下是媒体预言的未来世界:

2018 年，智能科技将为公众提供第一辆自驾汽车，2020 年左右整个汽车行业将被打乱，你不再想拥有自己的汽车了，也不需要再为考驾照而烦恼。当你需要用车时，你只要掏出手机按几个指令，它就会出现在你指定的位置，并送你到达目的地。你不需要停放车辆，只需要支付路程费。

未来 20 年内，社会上 70%～80% 的工作职位将消失，同时会有很多新的就业机会出现，但不知道新的就业岗位能否填补消失的就业缺口。

● 金融创新与科技创新共荣发展

包括互联网金融、金融科技在内的金融创新本来就诞生于科技进步。金融创新的目的之一就是支持实体经济的科技创新。这种金融创新反过来对科技创新的支持是自然产生的，两者有着天然的联系和交融。因此，以互联网金融、金融科技为主的金融创新必将对科技创新带来强有力的支持和支撑。

今后，要更加充分发挥金融的资源配置功能，发挥金融的风险管理功能，改进对科技创新的风险分担，发挥金融的价值，优化对科技创新的应用推广，特别是发挥互联网金融贴近中小微企业，对其转型升级、提升科技创新能力进行支持的作用。

这就需要增强金融创新促进科技创新的使命感，互联网金融企业包括传统银行业要充分考虑科技创新领域金融需求的特殊性、专业性，加快金融理念的创新、组织结构的创新、服务产品的创新，提高金融服务的针对性、有效性和可获得性。同时，金融企业要转变思路，跟踪科技日新月异发展的趋势，将先进的科学技术、创新成果运用到管理中，降低服务成本、提高服务效率、延长服务时间,对科技创新提供全天候优质服务。

这就需要增强协作能力。做好科技创新的金融服务,仅依靠金融机构是不够的,需要金融机构与金融市场协调联动,需要多种融资渠道有机对接,特别需要风险投资、天使投资等符合科技创新特征的新金融模式,实现对科技创新企业整个生命周期的服务。此外,还需要与科技部门、地方政府密切协作,建立财政、税收支持等长效机制,提高金融对科技创新服务持续的支持能力。

这就需要增强科技管理的能力。要深入研究科技创新领域的风险,开发完善信用评价体系,健全完善风险分担体系,做到对风险早监测、早发现、早处置,充分发挥金融机构风险管理机制,激发社会科技创新的活力。

● 金融创新离不开大数据

大数据为何成为近几年的热词?为何大数据如此受重视?主要原因是全球经济行为、生活方式、生存方式发生了深刻而快速的变化,这种变化派生出了可以挖掘、分析,并从中整理整合出一系列行为轨迹包括商业机会的大数据。

这个"深刻而快速的变化"是什么呢?即作为社会主体的人类的所有行为,特别是商业、生活、生存方式等都在快速往网络上转移,特别是转移到移动互联网。

过去以线下为主的人类一切活动是分散的、无轨迹可循的、难以把握的。通过耗费人力物力跟踪调查了解,又是被动的,往往时效性、准确性等非常差。而现在互联网上的一切活动几乎都有迹可循、可主动抓取获得,而且是可以瞬间准确捕捉、及时分析挖掘的。

对这些法人、自然人在二进制世界留下的或主动提交或被动抓取的行为轨迹进行深刻分析，可以从中获得非常大的利用价值。俗话说，思想支配行动，行动是思想的反映。通过大数据分析当事人的行为轨迹，即可了解其思想、偏好等抽象的信息，这显然是传统分散的、低效的调查手段难以做到的。

因此，有人把大数据称为21世纪的一座大金矿。随着社会主体的行为与行动快速向网络，特别是移动互联网上转移，大数据越来越丰富、越来越完善，这座金矿将越来越大，并不断升值。

以新浪财经大数据战略为例，其以新浪财经累积的资讯、用户、行为数据为驱动，通过重点产品不断沉淀新数据，再将数据应用于金融产品创新、业务创新，以及合作创新，形成数据生态，目标是建成开放、共享的财经领域首选互联网数据平台。新浪财经大数据眼前的实际应用偏重于资本市场、A股市场的交易和操作，偏重于交易产生的数据。利用这些数据，金融机构可以挖掘高手、发现策略，开发创新性金融产品。

金融的本质在于信用，金融管理的关键在于风险，而防范金融风险的重点在于识别信用。改革开放以来，金融改革整体滞后于经济体制改革，而其中存在的最大问题是对信用的巨大浪费。正是金融机构假想交易对手可能不讲信用，因此，所有金融资产业务特别是贷款发放就必须担保、抵押、质押，这就直接导致交易成本上升、交易效率低下、金融资源配置严重不公，中小微企业出现了长达20年的贷款难、融资难现象，对整个国民经济造成巨大伤害。当然，这也是有客观原因的：一是信息不对称，大银行要想充分了解中小微企业的信息是非常难的，信息不对称对银行来说意味着高风险；二是征信成本太高，金融机构要获得中小微企业的真实信息，需要付出很高的成本，征信成本过高就会影响金融机构的收益。

如今,随着互联网大数据的诞生,这一情况将大大改观。大数据在金融应用上一个巨大的价值就是能够通过对金融交易对手在网络上的行为留下的数据轨迹进行深度快速挖掘,从而识别其信用记录状况。有了"信用"记录,何惧金融风险?

新浪财经拥有海量大数据,可将其大数据背后客户积累的信用财富充分挖掘出来,给每一个线上客户进行有说服力的大数据信用背书。如果把新浪财经打造成客户信用大数据提供商,这将是一个非常有潜力和前途的领域。

目前,传统金融机构包括银行苦于没有网络大数据,眼睁睁看着就要落伍。个别银行比如建行开始打造自己的网络平台——善融商务,但是,由于起步太晚,效果并不好。笔者认为,传统金融机构与其自建网络平台"刀耕火种"地生产大数据,不如与互联网企业合作,使得互联网企业成为其大数据信用的提供商,二者合作必将起到1+1>2的双赢结果。

"云"市场硝烟弥漫

全球科技发展日新月异,令人目不暇接。在以互联网、移动互联网、云计算、大数据、智能化特别是人工智能、物联网、互联网金融、金融科技、传感技术等为主的新科技、新经济风起云涌的过程中,电子商务、互联网金融、社交网络等商业模式已经日臻成熟,并且给全球经济带来巨变与冲击。云计算、大数据、智能化、金融科技等虽然是未来新科技、新经济发展的制高点,但是一段时间以来其经营的商业模式并不是太明了,变现与回报利润也不是太清晰。

不过，高科技、新科技一个共性特点是商业模式与变现回报说来就来，很快就能出现清晰的回报点与变现途径。最明显的例子是，已经如雷贯耳的云产品——云计算、云服务、云储存，其商业模式可谓是一夜之间出现，一夜之间开始变现的。而就在前不久，人们对于云计算的认识还是云里雾里。特别是普通百姓一听云端、云计算、云储存，就认为是遥不可及的事情。

而目前民众已经对"云"特别是对于云储存有了初步认识，并开始购买云服务和产品。目前移动互联网已经使数字技术、数码产品的普及率大幅度提高，民众使用智能手机拍照、录像已是寻常之事。但每一个人都会面临的一个烦恼是，手机里照片、录像占据空间非常大，手机时常提醒内存不足。

怎么办？把这些东西全部转移到另外的物理性硬盘中是一个途径，但想随时回顾调取非常不方便。因此，苹果手机、华为手机、三星手机等都提供了云储存空间。存储到云端后随时随地都可以提取观看，又不占用手机空间。不过，世界上没有免费的午餐，移动设备供应商们一般提供比如5G的免费云储存空间，超过就需要付费了。

试想，今后数字化应用将会呈现几何级增加，包括普通百姓在内的云储存空间需求将会越来越大，市场潜力必会将爆发出来。而普通百姓的云储存仅仅是云市场的极小一部分。

从大的趋势看，云计算在促进政务、制造、金融、交通、医疗健康、广电等传统行业渗透和融合发展，促进整个传统行业转型升级上的潜力巨大，同时，这些重量级行业又是云计算市场的增长点，是云计算市场最庞大的市场需求。从更广义上说，线下的几乎所有行业都有云计算的需求，都是云计算市场的潜在客户。

更加专业一点的网站云服务器、软件开发商等对云计算的市场需求都非常大。

在以上各种需求的刺激下,云计算市场已经呈现爆发式增长之势。运营商世界网发布的《2016年度中国云服务及云存储市场分析报告》显示,2016年,中国云服务市场规模达到516.6亿元,预计2017年中国云计算市场份额将达到690亿元以上。一篇报道甚至说,最早进入云市场的阿里、华为等中国企业,以及亚马逊、微软等企业都在云市场赚钱赚到手软。这一说法也许有夸张成分,但其增速确实令人不可小视。

2017年1月24日晚间,阿里巴巴集团公布了截至2016年12月31日的2017财年第三季度财报。当季,云计算业务继续拓展市场领导地位,付费用户数量同比翻番,推动阿里云营收连续第七个季度保持三位数增幅。数据显示,该季度云计算业务营收为17.64亿元,同比增长115%,付费用户数量达到76.5万,同比增长100%。历史数据显示,从2015年第二季度开始,阿里云一直保持三位数的营收增速,并在2016年第一季度,营收迈过10亿元门槛,到本季度达到17.64亿元。付费用户数量从2016年第一季度的50万,增长到本季度的76.5万。

未来的云市场空间和潜力都非常大。根据华为公布的战略目标,到2020年,华为云计算将为华为贡献100多亿美元营收。

目前,具有前瞻性眼光的大型互联网公司都已经在云市场上搏杀。阿里云在中国市场占据40%以上份额并正在拓展全球云计算市场,与亚马逊、微软形成的"3A"(Alibaba、Amazon Web Services、Windows Azure)竞赛才刚刚开跑。如果加上后起直追的中国企业包括腾讯、百度与华为等,再加上其他诸多的云计算供应商,那么市场竞争将非常激烈。

为了跑马圈地、放水养鱼,企业都采取频繁降低价格的方式抢占市场。

这是一个好现象，充分竞争的市场，客户永远是最大的获益者。同时，充分竞争压力下，企业就开始通过提高服务质量、推出技术进步手段来吸引客户。

虽然云市场竞争已经很激烈，但必须认识到云市场才刚刚起步，连冰山一角都谈不上，其市场潜力巨大，现在着手进入都不晚。就看谁有眼界，谁能抓住这个难得机会。

社交平台让金融科技如虎添翼

在高速发展的互联网时代，人们已经充分感受到了像微博和微信这样的社交软件所带来的高效与便利。社交软件在拉近人与人之间距离的同时，也逐渐成为人们获取资讯的最主要途径。在其启发下，传统金融行业也在寻求与互联网的有效结合，从而使得金融行业在经营理念、产品服务、商业模式等方面产生创新变革。于是，基于互联网环境下的专注于投资功能的社交平台应运而生，社交投资成为炙手可热的互联网金融模式之一。

更重要的是网络社交平台给金融科技提供了难得的施展机会。从本质上说，社交网络平台已经超出了其成立时的网络社交的属性，衍生出社会经济金融文化以及政治元素的属性。社交网络平台其实已成为各项活动的入口，这是创立时谁也没有想到的。

仅从金融来说，社交网络平台是互联网金融、金融科技的最佳入口之一。特别是在智能投顾上，大有前景。这种前景应该区别于目前在微信、微博平台上进行的浅层次分析师的投资指导。后者充其量只停留在互联网金融阶段。

互联网特别是移动互联网包括社交网络平台的最大特点是，使金融市场变得更加透明,投资理财的信息也更加对称。金融科技借助社交网络平台,无论是智能理财、智能化投资,还是智能化金融客服都大有作为。

在社交交易中,交易者除了可以自动跟随和复制其他交易者的交易外,在交易的过程中还可以与其他交易者进行实时的沟通。基于强关系的社交属性,一个社交投资账户可以同时与多人进行交流,并可在平台上清晰地获取其他交易者的交易策略及历史记录,从而根据自身的偏好选择"复制"相关交易。

无论是对于专业交易者还是非专业交易者来说,社交投资平台都能满足他们的使用需求。一方面,专业交易者可专注于钻研交易,通过自主交易产生的优秀交易记录来吸引其他用户复制跟单,从而获得专业性发展和更多的个人收益。另一方面,对于对交易感兴趣的非专业交易者,即使他们缺乏交易知识和交易时间,也能通过社交平台进行复制跟单,轻松达到和优秀交易者一样的交易水平。

为什么说社交投资平台会是未来金融科技发展的趋势呢?笔者非常赞成一篇佚名文章的分析。

信息高度透明,社交功能强大。社交交易的模式改变了传统券商的格局,交易不再是一个人的孤单,而慢慢地变成一群人的狂欢,这也将民主式的集体智慧发挥到了极致。

投资简洁便利,用户可自由组合。社交投资平台为用户提供了多种产品,相比于购买传统券商的产品,投资者可以自由进行资产配置,实时调整交易策略,使风险和收益水平更切合自身需求。

基于人工智能与大数据的运动,交易变得更人性化且风险可控。社交投资平台运用科技力量将过往的交易数据集成强大的信息库,并组合成风险低且能带来收益的投资组合，交易者可以选择风险系数小的产品进行投资。

在这个领域，有许多可圈可点的优质企业，e投睿（eToro）、Zulutrade、老虎外汇、金融圈等企业都是运用科技创新改变金融行业的优秀案例。

在2007年成立于以色列的e投睿（eToro）是一家全球领先的社交投资网络，也是全球第一个研发出社交投资平台和全球第一个实现复制跟单技术的金融科技公司。经过10年的发展，e投睿（eToro）已拥有全球180多个国家和地区的600多万名用户。目前，e投睿（eToro）的平台上有1000多种热门金融产品可供投资者选择，其中包括欧美股票、外汇、ETF基金（交易型开放式指数基金）、全球股票指数、大宗商品等。

2016年，在人工智能与大数据成为科技行业最具价值的领域时，e投睿（eToro）的新一代投资产品CopyFunds™复制基金横空出世，这是一款基于人工智能算法技术和平台已持续累积10年的2.1亿笔过往交易数据所形成的组合型基金。CopyFunds™复制基金让用户有了更便捷新颖的投资模式，在这样的模式下，投资者甚至能实现与巴菲特的同步交易，和"股神"在资本投资市场共分一杯羹。

e投睿（eToro）致力于利用更强大的科技力量彻底打破传统的投资产业盈利模式，运用大数据改变人类的生活习惯，构建交易投资社区，并成为一个能让所有人受益的全新且透明的在线社交金融系统。

● 新一轮科技革命，中国会笑到最后吗？

如前文所述，新一轮科技革命简单可以概括为以互联网、大数据、物联网、云计算、智能化、传感技术、机器人、虚拟现实（VR）等为基础性特征的第四次工业革命，德国称为工业4.0。这比前三次工业革命有着更加深刻的影响与意义。

新一轮科技革命的特征非常明显，一开始其革命性与颠覆性就异常明显。机器人技术在各领域的广泛应用，人类感受到空前危机，"机器吃人"的场景越来越近；电子商务使得线下实体店备受煎熬；互联网金融把传统金融吓出一身身冷汗；金融领域竟然连被誉为最高端金融服务的证券投资顾问分析师都将被机器人代替，试问还有什么是不能被机器人代替的？

新一轮科技革命与前三次工业革命最大的不同是：这一次人人（包括草根）都有创业的机会，人人都可以平等地参与到这场革命之中，成为革命的种子并从中受益；而不像前三次工业革命那样"高大上"，是被经济、科技精英垄断的舞台。

新一轮科技革命的一个重要特征就是共享经济，它可以让人人参与、人人受益。正如李克强总理所言，共享经济有利于形成合理的收入分配格局，为每个人提供平等竞争的机会，壮大中等收入群体，也让每个人都有发挥自己潜能的机会，去追求人生的价值，促进社会公平正义。笔者认为，这个意义更加深远。

一部智能手机或其他移动设备让人们的生活、生产、娱乐、学习、创业都变得简单和高效，一切碎片化时间包括排队等候的时间都能被用上。这是与前三次工业革命完全不同的。

以互联网、大数据、物联网、云计算、智能化、传感技术、机器人、虚拟现实（VR）等为基础性特征的第四次工业革命，说到底还是归结于最伟大的创新。而这正是全球经济急需的，因为全球经济都在进行结构性改革、转型升级、新旧动能转换。动能转到何处呢？就是转到创新驱动上。

正如奥巴马的经济学观点所言：任何经济扩张的一个重要方面是，创新起着经济增长发动机的作用。在这方面，21世纪最重要的经济学理论可能不再是亚当·斯密（Adam Smith）的自由市场或凯恩斯主义，而是约瑟夫·熊彼特（Joseph Alois Schumpeter）强调的"创新和企业家精神通过'创造性破坏'过程驱动增长"。

中国在新一轮科技革命中开局不错，但却危机四伏，后劲不足。中国在以互联网为核心的初次科技革命中，比如电子商务、搜索技术、社交网络、互联网金融等方面走在前列，这种良好开局主要是BAT（百度、阿里巴巴、腾讯）等民营企业做出了巨大贡献，但在物联网、高端机器人、虚拟现实（VR）、金融科技等方面已经远远落后于美国、德国。笔者认为，要追赶的关键还在于政府对新一轮科技革命的认识以及监管政策以及准入等软环境建设上。除了彻底放开市场外，一个重要方面就是必须彻底摒弃面对新一轮科技革命的冲击，一些部门表现出的不信任，甚至"拉偏架"的态度。

谈到这里，笔者想起美国第十三任联邦储备委员会主席艾伦·格林斯潘（Alan Greenspan）的一句名言："自主创新在于提出别人没有想过的东西，问题是，如果一个社会对你能想些什么、讨论什么都有限制的话，要在传统框架之外思考问题以达到创新，是非常难做到的。"在自由市场的框架内，政府可以通过鼓励新思想和确保技术的有效利用，来扶持技术快速进步，而不是扼杀。

第三节　金融科技是净化经济环境的杀手锏

印度发布的废钞令本意在于打击腐败和假币,但结果却差强人意。

2016 年 11 月 8 日,印度总理莫迪突然宣布,500 卢比和 1000 卢比面值的钞票从当日午夜起退出流通,即这两类纸币不再是合法货币。莫迪称,此举是为了打击印度的黑色经济。废钞令导致印度 86% 的现金顿时无法流通,居民被迫将 500 卢比和 1000 卢比面值的钞票存入银行。

同时,政府为了鼓励与支持智能支付或称电子支付,要求银行提高 ATM 机上提取现金的手续费率。一些商业银行 ATM 机上可免手续费取款 5 次,但这之后每次取款手续费将达到 20 卢比;如果是在一家未开户的银行 ATM 机上取款,免费取款次数仅有 3 次,之后每次取款也将收取 20 卢比手续费。

印度政府大力废除大面额钞票,提高现金提取手续费率,进而推行电子智能支付的思路与政策目标是完全正确的,折射出印度政府紧跟互联网金融或金融科技步伐的主导思想与政策导向。

在印度推行金融科技的先天条件比较充分。印度的官方语言为英语,与美欧在文化科技上较容易接轨。印度的计算机科技水平在世界处在领先地位,推行金融科技有人才储备与科技实力。虽然印度人口众多且经济落后,但是通过互联网,特别是以移动互联网为平台来拓展经济与金融科技的融合,这或许是实现经济"超越"的最佳途径。加之,印度现任总理莫迪是一个勇于接受新事物并致力于打击贪污腐败的领导人,推进货币电子化,利用智能支付手段查处腐败黑金交易就成为其杀手锏。

这也是笔者此前阐述过的,数字货币、电子货币、智能支付的发展,其最大受益者是政府的原因。只要以数字货币全面代替现金交易,任何人、任何组织、任何团体的所有财富交易都将在网络上留下数字痕迹,这些数字痕迹是可追寻、可查证、可分析、可挖掘的。任何腐败、洗钱黑金交易都将无处遁形。

政府是数字货币时代最大受益者,政府应该最有推进金融科技发展的积极性。敏锐的北欧国家政府是推进电子货币、智能支付最积极的国家。没有想到的是亚洲的印度率先在金融科技上发力了。当然,按照莫迪的话语,此举是为了打击印度的黑色经济。

然而,任何事情包括金融科技都不可揠苗助长。印度官员为了推行智能支付手段的使用可谓煞费苦心,然而,结果却并不尽如人意。提高获得现金的难度并不一定能促进电子支付的使用,反而可能令经济发展受阻,因为印度大多数经济活动是"非正式的"。当一个国家的地下经济产业链成为整个经济拉动力的组成部分时,虽然金融科技的智能支付手段能够彻底刹住这种交易,但是必然会给经济带来阵痛。如果能够保持定力,忍耐住这种阵痛的话,那么整个经济将走向阳光化,整个国家产业将迈上公平公开之路,一个良性社会经济形态就产生了。

这告诉我们,以互联网、移动互联网、大数据、云计算、智能化等为基础技术的金融科技在促进一国经济公平化、政治阳光化,铲除地下黑金产业链条上作用巨大。金融是现代经济的核心与枢纽,金融科技是经济阳光化、公平化,消除经济毒瘤的杀手锏。

金融科技能够彻底净化整个经济发展环境,促进真正意义的公开、公正、透明、法制的市场经济发展,并能够产生净化政治环境,促进建立透明、干净的政府等作用,这个意义太重大了。

虽然印度在推进智能支付上有点揠苗助长或操之过急,一时导致印度北部地区超过90％的ATM机上没有现金。南部地区的状况也不容乐观,约65％的ATM机无法取出现金。ATM机现金枯竭的问题跟废钞令有直接关系,许多ATM机还在升级中。现在民众已经开始囤积2000卢比面值的纸币,货币供需方存在巨大的失衡。尽管如此,仍然必须肯定印度政府的做法与方向。

只要印度能够挺过一时困难,并且坚持下去,那么,等民众养成习惯后,印度的金融科技定将会迎来灿烂的春天。

同时提醒智能支付以及移动支付发达的国家包括中国在内,印度金融科技市场潜力巨大,应该着手尽快介入,占领印度智能支付市场。这个机会或不能错过。

● 金融领域将最快实现 AI 的商业价值

从英国科学家斯蒂芬·威廉·霍金(Stephen William Hawking)再度警告世人机器人百年内将控制人类,到美国2015年诺贝尔经济学奖获得者安格斯·迪顿(Angus Deaton)警告称,机器人和自动化的增长,可能会消灭全球各地数以百万计的就业机会,再到谷歌AlphaGo击败世界顶级围棋选手李世石及围棋Master击败柯洁、聂卫平等全球顶级棋手……机器人特别是人工智能机器人的广泛应用，正在带来前所未有的大变革。这种大变革或比预想的要来得早、来得快。

无利不起早。人工智能将会在回报率最高的领域率先发力。人工智能机器人说到底是一种资本，资本的属性就是哪里回报率最高就往哪里奔去。那么，人工智能会在哪里寻找第一个突破口呢？

集企业家、科学家于一身，特别是作为最早研究人工智能的顶级专家李开复预言：金融将是最快实现人工智能（AI）商业价值的领域之一。

李开复在人工智能技术以及商业应用上最有发言权。1988 年，李开复开发的"奥赛罗"人机对弈系统，击败人类的黑白棋世界冠军而名噪一时。李开复还曾帮助 IBM 组织深蓝团队。当年，李开复"发掘"了击败国际象棋世界冠军卡斯帕罗夫的电脑"深蓝"设计者许峰雄并将其引荐给 IBM。李开复和许峰雄都是卡内基·梅隆大学校友。后来李开复回到中国开设创新工厂，将科技研究与实践和商业应用紧密结合起来。对于目前火热的人工智能研究与应用，李开复的观察角度与常人或有本质区别。

李开复认为，随着人工智能技术的发展及产业的应用，人工智能会产生巨大的经济价值。其中，金融领域将会是人工智能（AI）最快产生商业价值的领域之一。这不无道理，主要是基于以下原因做出的判断：以量化交易为例，现在很多人买卖股票，并不是基于经验和感性的分析，而是通过分析数据做出投资判断，而这一部分的工作在未来基本会被机器所取代。因为没有人能够像机器人一样分析数字，机器人筛选项目的错误率不见得比一个投资团队更高，因此，在金融领域，人工智能是可以获得直接的商业回报的。

这不由令人想起 2016 年年初，困难重重的德银、高盛、摩根大通以及日本一些机构，都开始斥巨资研发智能投顾。到 2016 年第四季度，有消息说，美国公司智能投顾分析的准确率高达 70%，而日本高达 80%。此后，笔者撰文指出，连金融业最高端的职业金融分析师都可能被人工智能所代替，那么整个金融行业就没有不可能被人工智能替代的岗位。金融行业包括银行业受到的冲击越来越大，而且比预想的要快很多。现在看来这个判断是非常正确的。

人工智能率先发力于金融行业，当然是冲着金融业远远高于社会平均回报率的高回报而来的。如果智能投顾研发成功的话，那么将会给研发者带来立竿见影的现金高回报。虽然研发阶段一次性投入较大，但基本是一劳永逸的。美国金融机构测算过，智能投顾要比聘用金融分析师成本低许多。这种诱惑力太大了。

这对中国的启发最大。中国是互联网金融的发源地，但是面对互联网金融 2.0 版的金融科技，中国的领先优势正逐渐丧失。而一些机构却在炒作智能投顾的概念，而其本身连智能投顾是什么都没有搞明白。

中国应该迅速觉醒过来，在互联网金融的基础上，迅速开始探索智能投顾等金融科技领域。在这方面要有一批像李开复这样导师级的科学家领衔，同时，还要依靠阿里巴巴、百度、腾讯等大型互联网企业，共同发力，特别是人工智能研发实力强的百度应该迅速介入智能投顾研发。

传统金融机构自行研发智能投顾，在技术、人才、基础数据等方面都没有比较优势，"性价比"太低。因此，大型金融机构包括银行等应与大型互联网企业合作。

总之，金融科技特别是人工智能对金融业的冲击已经不可避免，所有金融企业以及金融从业者都应该感到前所未有的危机，都应该有兵临城下的强烈紧迫感。

中国金融科技的科技含量有待提高

2016 年 10 月，毕马威与 H2 Ventures 的报告显示，全球前五大金融科技创新企业中有四家来自中国，蚂蚁金服排名全球第一。随着中国创新公司数量迅速上升，英国可能失去全球领先金融科技中心的地位。

全球排名前五的金融科技创新企业中有四家都来自中国，反映了中国金融科技"无可争议"的增长。名列榜首的是总部位于杭州的互联网支付服务提供商——蚂蚁金服。

上述研究机构是从金融科技公司的融资机制以及融资规模，金融科技公司的发展状况包括金融工具科技含量，互联网、大数据化进展，还有市场占比等指标，在全球进行排名的。在这样的模式排名中，中国金融科技乃至中国金融科技公司在全球一定会排在前列。

就拿阿里巴巴来说，其很早就推出了支付工具。在支付宝推出时仅仅是为网购过程中的买卖双方做个担保而已，根本没有想到后来的金融属性，更没有想到成为今天互联网金融或者金融科技的开创者。包括 2010 年阿里巴巴成立的小贷公司，当初也仅仅是为解决阿里巴巴网购平台上买卖双方的融资问题，也没有想到会演变成今天的互联网银行。而就在阿里巴巴萌生无意识的金融属性工具时，欧美却在华尔街、伦敦玩弄被前美国总统布什批评为"创造一些连自己都说不清楚的莫名其妙的"金融产品。

真正让中国乃至全球瞩目的金融科技，是以 2013 年 6 月余额宝的诞生，以及后来 P2P 的非理性发展为标志。从这个意义上说，中国金融科技确实比欧美诞生得早，引领全球是名副其实的。

但是,我们也必须清醒地看到,中国金融科技在发展过程中所处领域的科技含量有待提高,在依靠更高科学技术支撑的金融科技领域,中国已经显出滞后之态。同时,中国金融科技继续向深度、广度迈进的制度性环境并不乐观。

中国的金融科技,其实叫作互联网金融更为贴切。因为,中国金融科技在全球虽然诞生最早,但基本完全依靠互联网平台,包括网络支付、P2P、互联网银行、网络理财、网络金融资产业务等,基本是以金融产品运作渠道上的变化,以及处在金融消费领域,服务于第三产业上的变化为主。

而真正意义上的金融科技在欧美已经有所实践,欧美已经走在了中国前列。"FinTech"一词本身是由金融"Finance"与科技"Technology"两个词合成而来,也就是用技术来提高金融服务的效率。以金融科技的一个重要应用领域智能投顾为例,在美国,类似富达(Fidelity)这样重视科技的公司很早以前就已经将资产配置服务和人工智能业务深入结合,很多客户的理财师已经不再是具体的某个人,而是智能投顾。智能投顾会根据客户的风险偏好、资产规模等因素为客户制订理财方案。而在中国,智能投顾业务才刚刚起步,虽然目前很多财富管理机构均已开始部署智能投顾业务,但是鉴于中美财富管理市场的巨大差异,例如中国投资者更期待与理财师面对面交流,投资理念普及程度相对更低,财富管理机构想要在智能投顾蓝海中分一杯羹还需时日。

同时,面对中国互联网金融大潮,一些传统利益集团限制、打压的态势已经开始显现。总之,中国金融科技的制度性环境并不乐观,需要引起格外重视与关注。

总之,一定要清醒地认识到,继续给金融科技创造宽松环境已经刻不容缓,中国金融科技行业向更高层次的智能金融科技迈进已经是当务之急。否则，中国金融科技的全球领先地位将不保。

● 美国科技企业全面逆袭

截至 2016 年 8 月 1 日收盘，美国电商巨头亚马逊市值首次超过老牌石油公司埃克森美孚，与苹果、谷歌母公司字母表（Alphabet）和微软三家科技企业一起位列市值排行榜前四。2017 年 7 月 26 日，亚马逊市值达到 5032 亿美元，首次突破 5000 亿美元大关，这背后，云计算是重要驱动力。外媒评论称，这表明华尔街对科技公司，尤其是对亚马逊的态度——在他们眼中，这是一个集合了零售和云计算等各种业务的重要"颠覆者"。

从市值看，美国 IT 科技企业已经全面逆袭，成为"霸主"。

当然，亚马逊市值超过埃克森美孚，这与石油、天然气、化工等行业全球市场低迷有关，更与传统企业凭借相对垄断地位创新能力不足、故步自封有关。

反观科技企业，以互联网、大数据、云计算为核心的新经济，包括电子商务、IT 通信、社交网络与搜索技术、软件开发等，这些行业创新动力十足，以迅雷不及掩耳之势席卷整个经济社会的各个领域。

美国科技企业成功逆袭，给全世界都带来启发。全球经济发展到今天，依靠资源能源推动和大投资拉动，放水货币刺激需求端的经济推动增长模式已经走到了尽头。任何时期都没有像今天一样对科技发展如此高度依赖，对创新驱动有如饥似渴的需求。我们可以从 2008 年全球金融危机爆发后观察一下美国的经济情况。

美国科技企业全面逆袭对美国经济增长起到了决定性的作用，是护佑美国经济独占世界鳌头的法宝。2008 年金融危机爆发于美国，华尔街是导火索。当时,雷曼兄弟破产倒闭引发整个华尔街金融企业大地震,波及三大汽车制造公司等传统企业。但这里面却有一个现象值得注意,即美国的科技企业基本安然无恙,几乎没有受到任何冲击。金融危机虽然爆发于美国,但这为后来美国经济第一个从危机中走了出来奠定了坚实基础。

一句话,科技立国、创新驱动是美国始终保持全球经济领头羊地位的秘诀,是美国经济能够成功抵御金融危机冲击,迅速修复的法宝。

美国总统奥巴马在就任后第二年的年度经济报告中指出,凯恩斯主义时代已经过时,现在是创新经济理论开创者熊彼得的时代,这样才能让美国成功渡过金融危机的难关。

激发创新活力的因素很多,包括严格的知识产权保护制度等。但最关键的因素有两个:一是市场,二是政府。一个公平公开、法制健全、充满活力、要素自由流动与配置的市场机制对创新异常重要。从政府角度看,主要是给创新创造一个十分宽松的环境。

借用美联储前主席艾伦·格林斯潘的一句话:"自主创新在于提出别人没有想过的东西,问题是,如果一个社会对你能想些什么、讨论些什么都有限制的话,要在传统框架之外思考问题以达到创新,是非常难做到的。"在自由市场的框架内,政府可以通过鼓励新思想和确保技术的有效利用,来扶持技术快速进步。

对于中国来说,在以互联网、大数据、云计算、物联网、智能化等为核心的新经济中我们没有落伍,但继续超越前行隐约感觉瓶颈已现。这个新经济蛋糕很大、财富潜力巨大,中国应该抓住,所有投资者都不能坐失良机。只要能够紧紧抓住新经济机会,或许未来你的公司市值会跃居前几位,个人财富状况也可大幅改善。

● 美国金融业正迎来智能化浪潮

当下,美国的金融科技正走到风口,迎来第三波计算机智能化浪潮。

以智能投顾为例,自动化投资服务使用算法管理和分配投资者资产,因为不需要使用人工来进行操作,这些资产管理公司的收费比传统分析师要低。而这一趋势也逼迫大型资产管理公司不得不采取对策。

2017年1月10日,总部位于芝加哥的金融科技公司 Next Capital 宣布和美国恒康金融服务公司(John Hancock Financial)展开策略性合作。Next Capital 将为恒康金融服务公司提供自动化金融咨询,并为该公司的养老金计划(401K)参与者提供电子服务。恒康拥有近270万名客户,管理资产规模达1500亿美元,这项交易背后的动机,便是来自于智能投顾平台对这些数据和账户的处理能力。

Next Capital 联合创始人 Robert Foregger 表示,金融服务产业正在迎来第三波计算机化浪潮,当前美国401K 和零售市场都正在经历从传统服务到电子策略建议和财富管理的转变。

许多人预测智能化将在10年后对人类构成较大冲击。不过,现在看来这个时间可能要大大提前了。根据咨询机构 A. T. Kearney 预计,机器人投顾将在未来3~5年里成为主流,年复合增长率将达到68%,4年后其管理的资产规模更可能会达到2.2万亿美元。

试想,仅在美国3~5年里就能拥有2.2万亿美元的资产规模,这块超级蛋糕必将引发金融科技公司蜂拥而至,斥巨资开发研究,由此会大大加快金融智能化的速度。

值得注意的是，在将要改变整个金融经济产业的人工智能研究开发上，欧美日率先发力，走在了前列。毫不夸张地说，欧美日已经抓住工业4.0的先机。

相对于美国、日本来说，新兴市场国家的反应要迟钝很多。作为新兴市场大国的中国，还没有看到哪个金融企业实实在在涉足人工智能产业的研究与开发，也没有看到哪个科技企业开始研究金融智能化，唯一有点声响的是百度声称将在智能化上发力。相反，炒作人工智能化概念的却不少。

必须认识到，人工智能是综合性科技融合的结果，其威力要比任何单一的科技成果都大。人工智能是建立在大数据与云计算基础上的，智能投资顾问准确率高低决定于两个因素：一是大数据的完整程度，即覆盖面要足够宽广，对历史行情数据走势、各种分析结果等数据都要收集全面。基于这样要求获得的数据才是大数据，而不是局部的、单一的小数据；基于这样的大数据之上的机器人自动抓取分析的结果才有更高的准确率。二是计算能力，有了大数据后，还要有对大数据进行计算、分析、挖掘的能力，这是各个企业的核心竞争力，也决定着智能投顾的"专业水平"。

大数据是基础设施，应该提升到国家层面来建设。将交易数据、社交数据、搜索数据、浏览数据等建设好，需要政府主导，并进行企业化运作与实施。这将是未来一个国家的核心竞争力。

金融业智能化浪潮汹涌而来，对企业特别是传统企业冲击最大。立即全面介入智能化浪潮，不仅是一个企业的事情，更关系到一个国家、一个民族的未来。因此，每一个人都应该有充分的思想准备，进行努力的学习和自我提升，唯有如此方能在智能化时代掌握主动。

02

从互联网金融到
金融科技

未来已经发生,只是尚未流行。

——威廉·吉布森

从中国发起的互联网金融,到目前如火如荼的欧美发达国家的金融科技,可以说互联网金融已经开始升级,向更高层次迈进了。

2016年5月,在野马财经主办的"FinTech 2016峰会"上,中国社科院金融所银行研究室主任曾刚发表主题演讲时认为,目前,中国互联网金融热开始逐步走向国际范儿,终于和FinTech这一国际定义接轨,这是金融成熟的一个标志。科技的改进使金融的覆盖面发生变化,也带来金融模式的创新,同时,技术的革新会改变用户习惯,进而会改变金融的形态。

从根本上说,无论是中国式的互联网金融,还是欧美发达国家科技含量更高的金融科技,都是建立在大数据、云计算、人工智能等基础上的。如果说中国式互联网金融是金融科技1.0版本的话,那么,欧美的金融科技就是升级版,是2.0版本。

第一节　金融科技与科技金融

　　"金融科技"与"科技金融"这两个词长得很像，经常被混用，那么，它们是一个概念吗？并不是！

　　金融科技，就是业内所说的 FinTech。维基百科对此给出的定义是，由一群通过科技让金融服务更高效的企业构成的一个经济产业。FinTech 公司通常是那些尝试绕过现存金融体系，而直接触及用户的初创企业，它们挑战着那些较少依赖于软件的传统机构。

　　金融科技的核心是金融业信息数据处理方式的全面重构，在此过程中，过去泾渭分明的金融部门边界变得模糊，无论是传统金融组织的平台化和开放式发展，还是电商企业、数据企业和科技企业的"准金融活动"，都面临新的机遇与挑战。

　　金融科技并不是简单的虚拟经济。金融科技使金融与实体在更多层面上有效融合，虚拟与实体的划分并不那么容易。科技提升整个金融产业链的效率，在某种意义上不仅有助于完善金融，而且间接有利于金融更好地服务于实体经济。金融科技与创新，正如喝啤酒时，泡沫是衡量啤酒好坏的标准之一，好啤酒一定有漂亮的泡沫，但有漂亮泡沫的不一定是好啤酒。

　　我们所熟知的蚂蚁金服就是金融科技产业的代表。蚂蚁金服总裁井贤栋认为："FinTech 并非简单地在'互联网上做金融'，而是基于移动互联网、云计算和大数据等技术，实现金融服务和产品的发展创新和效率提升。"

简而言之，金融科技可理解为：利用包括人工智能、区块链、云计算、大数据、移动互联等前沿科技手段，服务于金融效率提升的产业。

金融科技的具体产品，包括第三方支付、大数据、金融云、区块链、征信、人工智能、生物钱包等等。

科技金融的定义目前并未统一，原四川大学副校长赵昌文在《科技金融》一书中这样定义："科技金融是促进科技开发、成果转化和高新技术产业发展的一系列金融工具、金融制度、金融政策与金融服务的系统性、创新性安排，是由向科学与技术创新活动提供融资资源的政府、企业、市场、社会中介机构等各种主体及其在科技创新融资过程中的行为活动共同组成的一个体系，是国家科技创新体系和金融体系的重要组成部分。"

如果撇开这些复杂的金融语言，科技金融可以简化为一切服务于科技企业以及科技成果发展、创新的多方资源体系。

科技金融属于产业金融的范畴，主要是指科技产业与金融产业的融合。经济的发展依靠科技推动，而科技产业的发展需要金融的强力助推。由于高科技企业通常是高风险的产业，同时融资需求比较大，因此，科技产业与金融产业的融合更多的是科技企业寻求融资的过程。

国务院印发的《"十三五"国家科技创新规划》，明确了科技金融的性质和作用，在第十七章《健全支持科技创新创业的金融体系》第三节《促进科技金融产品和服务创新》中提到："建立从实验研究、中试到生产的全过程、多元化和差异性的科技创新融资模式，鼓励和引导金融机构参与产学研合作创新。在依法合规、风险可控的前提下，支持符合创新特点的结构性、复合性金融产品开发,加大对企业创新活动的金融支持力度。"目前这是对国内科技金融最权威的表述。即科技金融落脚于金融,利用金融创新,高效、可控地服务于科技创新创业的金融业态和金融产品。

由上海浦东发展银行与美国硅谷银行合资设立的浦发硅谷银行就是科技金融的一个代表性案例。浦发硅谷银行定位于服务创新型企业,通过创新型资产价值的评估模式,为科技创新企业提供资金支持;度身定制金融服务方案,满足企业在各个发展阶段的需求;提供全球化合作平台,为国内企业向海外市场发展搭建桥梁。

科技金融的具体产品,包括投贷联动、科技保险、科技信贷、知识产权证券化、股权众筹等等。

过去谈科技金融,我们希望谈的是科技产业与金融产业融合,但在考虑这对关系时,更多考虑的还是金融对科技的单向支持。相关部门出台的政策,在提到科技金融时,潜意识都指向金融如何更有效服务于科技创新、科技产业和科技事业。反观金融科技,思路并不是完全单向的,而是在更高层面上实现了科技与金融的融合———一面强调将以信息技术为代表的新技术应用到金融产业链中,实现金融功能的优化;一面基于科技的发展,还会带来一些过去技术不发达下难以想象的金融模式。

● 2016,中国金融科技元年

回顾 2016 年,我国金融科技的发展呈现出巨头涌现、全面开花的景象。

一方面,金融科技公司受到资本市场的大力追捧。根据毕马威发布的季报显示,仅在 2016 年第三季度,共有超过 10 亿美元的资金投入由风投支持的中国金融科技公司，共有 13 宗交易。

另一方面，中国金融科技公司无论在资金、技术发展方面，还是在产品端发展方面，都取得了实质性进步。在毕马威国际与投资公司 H2 Ventures 联合发布的《2016 金融科技 100 强》中，有 8 家来自中国的企业入榜，在前五名中，有四家来自中国。而在毕马威发布的《2016 中国金融科技公司 50 强榜单》中，中国的金融科技公司已经覆盖包括支付、信贷、智能投顾等多领域业务，并在人工智能、大数据、区块链等技术方面，呈现出领先优势。

为何 2016 年被称为金融科技元年？我们从政策、产业、企业三个维度回顾一下。

政策："金融科技"进入"十三五"规划。

2016 年 8 月，国务院发布《"十三五"国家科技创新规划》，规划中明确提出促进金融科技产品和服务创新，建设国家金融科技创新中心等。这标示着金融科技产业正式成为国家政策引导方向。

政府的全方位扶持，对金融科技的发展无疑是重大利好。通过规划发展，金融科技产业在应用场景落地上，将获得最有力支持。

产业：中国金融科技公司筹资总额首超美国，央行公开招聘数字货币人才。

据英国 FT 中文网报道，根据管理咨询公司埃森哲（Accenture）的数据，截至 2016 年 7 月，亚洲金融科技公司筹得 96 亿美元，比北美同类公司筹集的 46 亿美元高出一倍以上，而这 96 亿美元有 90% 以上是由中国企业筹到的。

2016 年 11 月，中国人民银行官网发布的直属单位印制科学技术研究所 2017 年度人员招聘计划显示，央行印制科学技术研究所此次拟招聘计算机、信息安全、密码学专业博士、硕士共 6 名，将主要从事数字货币及相关底层平台的软硬件系统的架构设计和开发,数字货币中所使用的关键密码技术,对称、非对称密码算法、认证和加密等工作。

企业:百度金融宣布要做真正意义上的金融科技公司,蚂蚁金服战略投资金贝塔,众安保险成立子公司众安科技,中国公司投资海外金融科技企业,阳光保险首推区块链保险卡单等。

2016年,百度无人车成功完成路演,并在乌镇互联网大会上向用户开放体验,百度将情感合成、远场方案、唤醒二期技术和长语音方案四项具有革命性的语音技术免费开放给用户和开发者共享。2016年9月1日,百度高级副总裁朱光在百度世界大会上,介绍了百度金融以身份识别认证、大数据风控、智能投顾、量化投资、金融云为代表的五大金融科技发展方向。同时百度金融宣布正式对业界开放金融云,向金融机构输出包括人工智能、安全防护、智能获客、大数据风控、IT系统和支付技术的金融解决方案。截至2016年,百度金融已在支付、消费信贷、企业贷款、理财、资产管理、征信、银行、保险、资产交易中心等多个板块布局,以百度钱包、百度有钱花、百度理财、百金交等产品和平台为触角,形成覆盖金融服务各个领域的业务矩阵。在消费信贷领域,百度从教育市场入手,很快成为职业教育信贷行业领导者,并在大数据征信方面快速积累;在理财领域,依托百度的大数据画像能力,致力于打造"千人千面"的智能投顾……百度金融已经开启了金融科技的全面布局。

2016年7月,蚂蚁金服和嘉实基金共同宣布将进一步加深战略合作,蚂蚁金服战略投资嘉实基金旗下"金贝塔"平台。作为国内发展最早的互联网金融平台,蚂蚁金服旗下已经拥有支付宝、余额宝、招财宝、蚂蚁聚宝、网商银行、蚂蚁花呗、芝麻信用、蚂蚁金融云、蚂蚁达客等众多子业务板块,几乎涵盖了传统金融业所有板块,并率先成为我国金融科技企业中的独角兽。

2016 年 11 月,由蚂蚁金服、腾讯、中国平安等发起设立的国内首家互联网保险公司——众安保险宣布成立全资子公司众安科技。众安科技未来计划输出一个平台区块链云平台,将立足金融、健康两个命题,以信任、连接和加速为三大使命,坚持在人工智能、区块链、云计算和大数据四个领域进行长期探索。

2016 年 6 月,美国比特币创业公司 Circle Internet Financial 宣布获得由中国财团提供的 6000 万美元 D 轮投资,领投方为美国国际数据集团(IDG),跟投方为布雷耶资本(Breyer Capital)、通用催化剂合伙人(General Catalyst Partners)、百度、中金甲子、中国光大投资管理公司、万向和宜信等。2016 年 7 月,百度宣布投资美国金融科技公司 Zest Finance,而此前,京东也投资了这家公司。资料显示,Zest Finance 具有通过模型开发能力和数据分析能力,分析和处理不同类型的复杂数据,最终做出准确信贷决策的能力。此外,2016 年 9 月,百度还与美国征信巨头费埃哲(FICO)达成战略合作关系,双方将在风控、智能评分、大数据应用、金融场景建设等领域展开开放合作,共建生态。

2016 年 7 月,阳光保险推出的"区块链＋航空意外险卡单",是国内首个将区块链技术应用于传统航空意外险保单业务中的金融实践。与传统的航空意外险相比,加入区块链技术,航空意外险以往存在的造假、中介商抬价等问题得到了有效解决。以防止买到"假保单"为例,通过与区块链技术结合,依托其多方数据共享的特点,可以追踪卡单从源头到客户流转的全过程,不仅各方可以查验到卡单的真伪,而且确保了卡单的真实性,还可以方便后续流程,如理赔等。

● 资本扑向金融科技怀抱

2017 年 3 月，阿里巴巴系的蚂蚁金服已经宣布收购的国际汇款企业速汇金（Moneygram）迎来了一位新买家，位于美国得克萨斯州的同业 Euronet 提出以高于蚂蚁金服的价格进行收购。

不管怎么看，这都将是一场激烈的收购战。蚂蚁金服国际业务负责人道格拉斯·费根（Douglas L. Feagin）表示，尽管 Euronet 的收购价格更高，但该公司相信能够完成收购速汇金的交易。

敏锐的媒体意识到，这是全球投资资本对金融科技领域的强势争夺。其实，蚂蚁金服收购国际汇款企业速汇金完全是出于现实考虑，与真正意义上的金融科技争夺似乎关系并不是十分紧密。

最令人佩服的是马云率领阿里巴巴、蚂蚁金服站在全球国际视野上发展新经济、新金融业务并取得巨大成功。阿里巴巴集团电商平台业务自不必说，蚂蚁金服的互联网金融业务也已经开始迈出国际化步伐。2017 年 2 月下旬，笔者有幸参加了在西班牙巴塞罗那举办的世界移动互联网通信展览会，随后到罗马、佛罗伦萨等城市考察。在购物退税环节，无论是在商场还是在机场，经常有蓝眼睛的营业人员提醒可以用支付宝钱包账户办理退税并且不用排队，节省不少时间。这着实令笔者十分惊讶。不过，在欧洲购物时，必须使用银联等结算机构的信用卡结算，而支付宝尚不受理。

因此，蚂蚁金服收购国际汇款企业速汇金的真正目的是推进支付宝支付工具全球化。这一举措的意义十分重大。收购国际汇款企业速汇金后，通过这个国际支付结算平台，支付宝就可以迅速占领欧洲、北美等全球金融业最发达的地区,迅速夺取全球支付结算市场份额,这对蚂蚁金服具有非常重要的意义。最少的两个深度思考是,只要占领欧洲、北美的支付结算市场,接着迅速占领全球其他市场将是小菜一碟。同时,支付宝工具全球化后,以支付宝钱包为移动互联网工具入口,全球经济金融数据将被蚂蚁金服收入囊中,全球客户流量都将成为蚂蚁金服的金矿。

支付宝钱包这种便利性结算支付工具一旦进入欧美市场,其普及推广难度并不大。欧美发达国家消费者接受移动互联网支付工具相对容易得多。

因此,可以看出蚂蚁金服收购国际汇款企业速汇金的目的与真正的金融科技联系得并不紧密,应该属于移动互联网金融范畴。尽管如此,当然也不能无视国际资本对金融科技企业的争夺。

种种迹象表明,在突破萌芽而进入蓬勃发展的金融科技领域,各家都在厉兵秣马,试图争夺发展期优势,收购兼并将成为这一阶段的主旋律。

美国传统金融企业包括摩根大通、高盛等都开始斥巨资研发金融科技。包括亚马逊、苹果、脸书和谷歌在内的国际互联网巨头纷纷试水金融业:苹果和谷歌先后推出自己的支付应用程序,方便自家用户进行金融支付;脸书也在 2016 年成功申请到爱尔兰央行发放的电子支付牌照,取得为欧盟范围内所有用户提供支付服务的资格;亚马逊则不单能提供支付服务,甚至开始向美国商家发放小额贷款……

从某种程度上讲,这些国际互联网巨头正在仿效它们的中国同行阿里巴巴,利用自身用户量大的优势,进入金融支付领域,进而将自己的业务拓展到小额贷款、金融产品销售等更多金融服务领域。同时,这些科技巨头的用户分布更为全球化,在实现跨国经营方面更具优势。

中国资本涉猎金融科技并购等也备受关注。花旗银行和 CB insights 的联合报告显示，2016 年前 9 个月，全球超过一半的金融科技投资发生在中国，中国也是 2016 年全球范围内金融科技投资额同比增长较快的主要地区之一。其他还有百度收购机器学习支持的信用评分公司 Zest Finance、华泰证券出资 8 亿美元竞购美国资产管理软件生产商 AssetMark 等。

当然，美国的技术仍然非常领先。美国金融科技的技术领域比较细分，很多尖端科技领域仍然非常值得投资。

在产品布局上，中美金融科技融资喜好呈现分化趋势。美国金融科技风险投资的兴趣正从借贷向保险科技和财富管理等领域转移。美国和欧洲等地仍然关注借贷、支付或者财富管理等细分领域的金融科技创新。但中国表现得不一样，中国的信贷是获得风险投资（VC）最多的产品领域，而且中国本土的互联网巨头更倾向于基于自身的核心业务，比如电子商务、社交等打造一站式的金融平台。

二者各有优势。美国由于科技实力强，正在向金融科技的深度和广度发展，并且习惯于走捷径并购重组收购，而中国则以自己的互联网平台、客户流量与数据为基础，步伐走得扎实稳妥。

相对于科技公司，最迟钝的是中国的商业银行，特别是大型国有或国有控股银行。鉴于科技巨头强大的经济实力，大型科技巨头可能会通过收购银行的方式走上金融科技之路。不久的将来，我们也许会看到由科技巨头引领的银行收购潮。

第二节　金融科技令传统金融
5年内消失？

2016年1月,科技博客TechCrunch撰文称,随着科技进步,包括现金支票、U盘、口令密钥、遥控器、纸媒体等在内的5类日常用品相关活动将在今后5年内逐步被淘汰,甚至销声匿迹。文中提到的包括现金支票在内的传统金融业务和工具5年内消失的可能性最大。

这篇文章的冲击来自于中国最不陌生的金融技术进步。以互联网发展带动的互联网金融,特别是金融科技的快速发展,正在对传统金融形成全方位、多层面的冲击,这个冲击或比人们预料的要大许多。正如这篇科技博客所言:"无疑,随着时代进步,未来5年科技行业将会出现更多的产品和服务,随着这些创新、技术和方法的推出,一些领域将被颠覆,而一些常见的行为活动,在未来5年内将完全消失或仅存最后一丝气息。"这也就是笔者一直坚持互联网金融、金融科技对传统金融具有颠覆性影响的原因。

实际上,金融科技发展使得传统金融工具和业务在未来5年内消失仅仅是冰山一角,整个传统金融产业被颠覆和改写的程度要大得多。

5年内现金支票、纸币的使用将进一步弱化。现在,几乎所有业务都可以通过借记卡或信用卡结算。麻烦在于,一个持卡人可能持有多张借记卡或信用卡。不过,很快用户将可以通过移动设备来处理自己的所有银行业务,甚至汽车也将具有这种功能。据美联储提供的数据显示，从 2000 年到 2012 年，支票的使用率下降了 57％。在中国，互联网市场大数据分析公司易观智库发布的 2015 年第二季度《中国第三方移动支付市场季度监测报告》显示，截至 2015 年第二季度，移动支付的交易规模达 34625 亿元，首次超过 PC 端的 32588 亿元。

从对移动在线支付群体认知上看，市场研究机构美国第一资讯集团 (First Data) 的一份报告显示，在 35 岁以下的消费者当中，49％为在线银行客户；在他们当中，超过 1/5 的用户从未使用过现金支票进行支付。在移动支付盛行的中国，这个比例可能会更高。特别是随着线下二维码收款方式的普及，移动扫码支付正加速跑马圈地。

从习惯和氛围来看，在欧洲，如果你打算使用现金支票去支付，周围的人会用异样的眼光看着你，好像你有点不正常。而支付租金可能是支票最后的用武之地，但即使在这一领域，支票的使用率也在不断下降，因为房地产经理也开始转向电子支付和移动支付，毕竟后者操作起来更加简便。

丹麦正在尝试取消现金纸币，瑞典等国紧随其后。可以预见，在不远的将来，现金或将消失。在中国，监管部门最新账户管理规定，已经允许在线远程利用生物识别技术比如指纹、面部识别、声音识别等手段开户。

可以预见，线下大部分金融业务都将在不久的未来成为历史。试想，如果没有现金了，就意味着 ATM 提款机也将消失；如果可以利用移动设备购物消费支付甚至透支消费了，那么，物理性的借记卡、信用卡都将消失；如果可以远程开户，在线特别是移动在线办理所有银行业务了，那么所有物理性的营业网点都将没有存在的必要，随之带来的是银行庞大的员工队伍的整合。如此一来，商业银行的人工、设备、管理成本将大幅缩减，要知道，仅在中国目前就有 20 多万家银行网点。

今后可能是这样一个场景:劳务费、小额现金等收入可能通过支付宝、微信支付、苹果支付(Apple Pay)等打到你的移动支付账户里,你的一切消费支出都将通过移动支付设备完成。你与银行网点、柜员几乎不见面了,与银行自动柜员机也将告别,只对你的移动手机发号施令就可以快速完成一切银行金融业务。

同时,金融科技革命正在向金融高端高智商领域挺进。如前文所述,美国高盛、摩根大通以及德国德意志银行都在研制机器人分析师,据说初步测试效果出乎预料得好。

不仅如此,金融科技也在向央行的货币政策发起"总攻"。区块链技术正被投入巨资进行研发,一旦正式推出,全球货币发行和货币政策可能都将被彻底颠覆。2017 年 1 月 25 日,媒体报道,中国央行推动的基于区块链技术的数字票据交易平台已经测试成功,该平台搭载运行由央行发行的法定数字货币。

现金支票、纸币、银行卡、自动柜员机、物理性银行网点、庞大的金融银行员工队伍,甚至证券投行的分析师都将被淘汰出局,现有银行金融服务业态将被彻底改变,传统银行金融业务将会成为历史。这就是金融科技的革命性和颠覆性所在。

在金融科技革命迅猛来临之时,需要发问的是,传统金融机构你们准备好了吗?

● 一夜之间，金融科技公司遍地开花

2017 年 7 月 26 日彭博社报道，金融科技初创公司已在 2017 年融资共 80 多亿美元，预计将创历史新高。有 5 家公司加入独角兽企业行列，估值超过 10 亿美元。2017 年 6 月 19 日发布的《金融监管蓝皮书：中国金融监管报告 (2017)》显示，2016 年中国金融科技公司共获得 77 亿美元融资。

"FinTech"这个词最早在美国地区使用较多，直到 2015 年，国内包括蚂蚁金服、京东金融、众安保险、宜信等几家巨头开始重新定义自己为"金融科技"公司，这个词才渐渐被国人所了解。2016 年以来，FinTech 几乎成了国内所有高端峰会、论坛的标配，成为最新的热门标签。企业高管、监管领导、学者专家，人人都开始提金融科技。这一景象与前两年的互联网金融、P2P、众筹是不是有点相似呢？为什么一夜之间"互联网金融公司"不见了，企业纷纷标榜自己为"金融科技公司"？财经媒体人洪偌馨的一篇署名文章分析得很到位，她总结了以下三点原因。

第一，为了缓解监管压力。金融科技的说法大约是 2015 年下半年开始被一些企业所引用。当时，中国互联网金融行业面临一个最大的变动就是监管环境的变化。2015 年 7 月，十部委联合发布《关于促进互联网金融健康发展的指导意见》，互联网金融行业开始步入规范化发展的轨道。2016 年 4 月，国务院又开启了互联网金融风险专项整治，监管进入常态化。

在中国，金融机构是牌照式监管，尽管 P2P、众筹等创新业态并未明确是否要发放牌照，但从监管的思路和趋势来看，越来越向传统的金融监管靠拢已是大势所趋。

2016 年 7 月,在互联网金融协会从业机构高管系列培训(第二期)上,央行人士在发言中首次提到 FinTech 这个词,并表示,应划清金融和 FinTech 的界限。FinTech 不直接从事金融业务,主要与持牌机构合作。后来,央行行长周小川与国际货币基金组织(IMF)总裁克里斯蒂娜 · 拉加德(Christine Lagarde)对话时也提到:"我们鼓励互联网公司发展,但当它们开展金融业务时,在当前的情况下,它们需要遵守现有规则。"只要涉及金融业务就需要牌照或遵照既有规则,这一点已经非常明确了。

由此不难看出,虽然同是金融+科技,但金融科技的落脚点在科技,偏重技术属性,强调以及利用大数据、云计算、区块链等在金融服务和产品上的应用。而互联网金融的落脚点在金融,金融属性更强,是传统金融业务与互联网技术结合后的升级版、更新版。例如中国式 P2P(纯线上的平台除外),基本就是传统小贷业务+线上获取资金的模式。所以,从符合监管的角度考虑,做一家"科技"公司显然比"金融"公司更安全。

第二,增加估值空间。尽管过去几年间,互联网金融行业涌入了大量的资本,但对于该领域的企业的估值一直都没有一个公允的标准。互联网属性是做流量和用户,不承担信用风险,业务规模与流量和用户成正比;金融属性是指要承担一定的信用风险,风控是核心,规模越大通常风险也越大,要用银行体系的估值方法。不过,在资本市场,显然是前者更讨喜。

第三,技术驱动创新。当然,更重要的是,从行业的演进来看,过去通过简单复制,缺少核心技术的商业模式已经难以为继。不管是市场还是资本,都越来越看重企业的差异化竞争力和以技术驱动创新的能力。

尤其,随着大数据、云计算、区块链、人工智能、移动互联等新一代信息技术的发展和应用,科技在提升金融效率、改善金融服务方面的影响越发显著。

对于企业而言，在技术上的投入和创新的能力也将愈发重要。这也是当初不少人反对"互联网金融"这种提法，甚至把"宝"类产品、P2P网贷行业以及后来"一站式理财"平台的发展，都称为一种金融创新的重要原因。他们认为，过往不少互联网金融模式、互联网金融产品，都只是既有金融产品的互联网化，创新不足。

不管"标签"为何，在最近一年多时间里，我们确实看到了新金融领域发生的一些变化。以大数据风控、机器人理财、区块链应用等为代表的金融科技业态在中国起步发展，而那些单纯复制商业模式、缺少技术创新能力的企业将加速被淘汰。

一言以蔽之，互联网金融企业要转型金融科技，不只是改改名字那么简单，否则就是沽名钓誉的假金融科技公司，而那些没有科技内核支撑的金融科技"壳公司"，终将被新一轮互联网科技革命浪潮拍死在沙滩上，喧嚣过后留下一地鸡毛。

● 中国金融科技加速布局欧洲

从欧洲市场来看，目前支付宝支付仅仅作为购物退税时的工具之一，并没有看到在商店、商场等消费市场被广泛应用。

虽然中国在互联网金融领域领先于世界，但客观地说在金融业务智能化、云端化，以区块链技术为基础的数字货币发展上，在全球并没有领先，当然由于有互联网金融的基础，也没有落后太多。

中国金融科技进入欧洲市场就基本谈不上。现阶段，金融科技领域基本被美国、欧洲与日本的大金融公司与科技公司占领。特别是在智能投顾与区块链技术的数字货币上，中国已经明显落后。美国金融科技已经从研究阶段进入实际运用环节，日本紧随美国企业特别是金融企业之后，正加速将人工智能机器人应用于股市、保险、理财、资管等市场分析。美国一些企业正在将区块链技术应用于全球结算网络与平台的使用之中。

在这种情况下，中国企业中百度正在依托人工智能的强大技术基础，宣布进入金融科技领域。中国工商银行等宣布进入金融科技领域，开始研发区块链技术。但要真正看到明显效果、进入实战阶段，还需一定的时间。

不过，中国新闻网 2017 年 4 月 19 日报道说，近日，国际商业结算控股有限公司(IBS)公告称，在欧洲获得电子货币机构许可证，可面向全欧洲国家提供电子货币发行、兑换以及支付服务，完成其在欧洲布局重要的一环。这是中国金融科技公司首次在欧洲境内获得此许可证，意味着中国金融科技逐步实现体系化布局，引领全球步伐进一步加快。

2017 年 3 月 29 日，IBS 全资子公司 UAB"IBS Lithuania"获得欧盟颁发的 EMI 许可证，该证书全称为电子货币机构许可证。该许可证在欧盟范围内通行，无限期有效。

据了解，IBS 可依据 EMI 许可证向所有欧盟国家提供支付和电子货币发行相关的服务，如外汇兑换、基金保管活动、数据积累和存储等；有权管理支付系统以及从事其他电子货币相关活动；向企业和个人直接提供包括支付、汇兑、存款、发行支付卡等金融支付服务，并以此形成金融服务体系。

其特点在于，基于 IBS 依托区块链技术建立的全球清算网络，并采用最适合跨境贸易体系的扁平化架构，只有清算银行、商业银行(以及第三方机构)两层，可以极大地缩短清算路径、促进清算效率、提升信息处理的安全性。

IBS 依托区块链技术建立全球清算网络，这是金融科技真正的核心技术，一般的支付宝、微信支付只能归结于互联网金融领域。国内金融领域可能对IBS这个机构不是十分了解，网络上相关信息也不多。这家公司如果要真正研发区块链技术，大力度开发数字货币，并且获得欧洲电子货币机构许可证的话，无疑是很有远见的，也堪称走在了全球企业开发金融科技的前列，是中国金融领域一件大事情，着实可贺！

整个欧洲在电子商务、物流快递、互联网金融等方面相对中国来说确实是落后了，但同时也说明市场潜力非常大。中国企业包括科技企业、金融企业占领欧洲市场绝对可以赚得盆满钵满。衷心希望中国企业迅速觉醒并行动起来，大踏步进入欧洲乃至东南亚、非洲、南美洲市场。

IBS此前曾联合泰国第三大银行泰华农民银行开发区块链平台系统，进行泰铢和人民币转账结算，促进了国与国之间的经济交流与良性发展。

随着人民币国际化和中国游客全球购买力的提升，中国金融科技企业纷纷前往欧美"开疆拓土"，并在不同场景和路径下形成"百花齐放"的格局，大有逆袭之势。

2016年8月，电商巨头阿里巴巴旗下支付宝同全球支付领军企业银捷尼科公司达成合作，正式登陆欧洲。英国媒体2017年4月又报道，微信支付不久将正式进入英国，英国将成为继意大利之后第二个开展微信支付业务的欧洲国家。不过，这些金融科技公司的业务仅限于支付，更多的金融业务尤其是借贷等核心业务，只能看见几大国有控股商业银行的身影。

IBS依靠具有庞大国际贸易大数据基础的亿赞普集团，在布局欧洲金融核心业务同时，加速建设下一代分布式全球清算网络，并且探索区块链技术在清算支付行业中的应用。作为中国金融科技公司首次在欧洲获得电子货币机构许可证，或可成为中国金融科技从磕磕绊绊到发展成熟的一个里程碑事件。其最大的意义在于,中国的金融科技企业在规范程度和风险控制方面获得了欧美的认可,这有利于今后产品和服务的体系化。

星展银行和安永会计师事务 2017 年 4 月发布报告指出,中国已从全球"FinTech 中心"争夺战中脱颖而出。分析认为,接下来将有更多的中国金融科技企业迈出海外布局的步伐,引领全球金融潮流。当然,这或是溢美之词,也许有言过其实的成分,最终还要看实际效果、落地情况。

● 金融科技比拼的不是速度

在经历了 2016 年的锤炼之后,以金融科技为主导的互联网金融升级版已经到了至关重要的发展时期。2016 年年底,国内首个由企业发起的"金融科技"学院——百度金融学院成立。以史为鉴,可以知兴替。我们先对互联网企业和金融企业的发展做一个回顾,看看金融科技在未来将有怎样的作为。

1998 年马化腾创办了腾讯,1999 年腾讯开发出 OICQ(即腾讯 QQ)后,注册人数疯长,2000 年腾讯即开始盈利;2000 年,百度创立于北京中关村,仅仅 5 年时间,百度就在美国纳斯达克上市……近年来,互联网企业更是遍地开花,比如 2010 年小米公司成立,短短 3 年时间小米的估值就达到 100 亿美元。互联网企业发展速度之快已经超出了人们的想象。

与互联网企业不同的是,中国金融企业的发展却经历了一个相当长的过程:1927—1952 年中国新金融体制开始建立,1987—2000 年中国经济转轨,金融业经历改革开放之后,随着中国加入世界贸易组织,中国金融业才开始腾飞。中国最大的银行——工商银行成立于 1984 年,经过 30 余年的发展，到 2015 年，总资产达到 222098 亿元，成为国内商业银行"四大天王"之首。

许多专家没有预测到的是，在若干年之后，互联网竟然与金融扯上了关系，一夜之间成为未来金融业发展的方向。不过，从经济金融专业的角度看待互联网与金融的结合，也属于极为正常的情况。经济决定金融，有什么样的经济就会随之诞生什么样的金融，经济与金融如影随形，所以互联网金融的发展更多带有金融企业的属性，而非简单的互联网思维。金融企业的发展需要厚积薄发，前期不断积累之后才会爆发出应有的实力和潜力，互联网金融企业同样如此。

从阿里系（现在的蚂蚁金服）互联网金融业态看，支付宝成立之初是担保性质的，是为了给买卖双方提供第三方担保以促进电商平台的壮大，谁也没想到衍生出后来的金融属性。2013 年余额宝的诞生，是基于支付宝上沉淀的资金过多，客户有了理财需求才顺势而为的。后来成立的浙江网商银行、深圳前海微众银行等都是在互联网经济有了积累，大数据逐步完善，用户基础逐步形成之后才产生的。

百度金融目前开始覆盖理财、信贷、支付等业务，并逐步实现团队人才的升级，搭建起"互金最强天团"，同时一步一步明确要做真正意义的金融科技公司的路线。这些举措也都是基于百度人工智能大战略的推进和技术基因的注入，百度金融正在用发展金融企业的思维做前期的积累和准备，先搭班子后唱戏，从前文总结的历史看来，这是真正的互联网金融企业必不可少的气质和思维。

放眼世界，欧美银行的发展大多有 100 多年甚至几百年的历史。当然，传统银行包括欧美银行的发展史是互联网金融不可比的，但是从发展规律来看,金融业的发展特别是互联网金融的发展比拼的并不是时间。

全球最大的几个银行里,按照 2014 年与 2015 年排名,成立于 1784 年的美国银行(Bank of America)一直发展很好,是世界第三大银行。不过,还是被后来居上的摩根大通(JP Morgan Chase & Co)超越。摩根大通比美国银行晚成立了整整 15 年,到 1799 年才成立。当然,摩根大通银行主要是通过收购、并购、重组其他金融机构超越美国银行的,但是在创新和机制上,摩根大通是有过人之处的。这或许就是中国人常说的"弯道超车"吧。

中国的工、农、中、建四大国有银行,均成立于 20 世纪 70 年代末和 80 年代初。当时,称四大专业银行。到了 20 世纪 90 年代转变为商业银行后,体制机制带来的问题使其虽然资产规模庞大,但是利润增长率、回报率都远远不及后来成立的股份制商业银行,如交通银行、招商银行、兴业银行、广发银行等。原因就在于股份制商业银行包袱小,机制灵活,创新能力强,特别是在接受互联网金融这一新兴事物上反应非常迅速。

成立早,不一定就能发展快、发展好;成立晚也不一定会发展慢,发展不好。要想发展得既快又好,关键在于抓住时代的风口,在于具有市场化高效配置资源的机制体制。

传统金融尚且如此,互联网金融、金融科技就更加具有跳跃性。成立早的互联网金融企业,也许很快会成为传统。因为比互联网金融晚出现的金融科技,在最发达的欧美国家已经异军突起,使得只在消费、理财、支付领域发展的互联网金融业态呈落伍之势。在这个时代,是不能用成立时间早晚来衡量金融行业的发展趋势与状况的。

中国的这些互联网巨头们,谁能在金融科技阶段勇敢地站出来,做时代的领路人呢?

目前在国内将目标锁定在金融科技上的典型互联网金融代表就是百度金融。如果说互联网金融1.0时代是蚂蚁金服引领潮头的，那么未来的金融科技或许将是百度金融的时代，就看百度金融能否把握住。

百度金融成立一周年以来，人们已经认识到，金融科技才是未来的方向。在百度金融学院开学仪式上，百度公司高级副总裁朱光谈到，百度在搜索、人工智能、云计算、大数据等技术领域处于全球领先水平。

金融科技的核心是人工智能要发展到一定程度，科技含量、技术创新能力要异常强大。在中国互联网巨头中百度是最早研发人工智能的，并将人工智能应用到金融领域。也就是说，百度直接进入了互联网金融2.0时代，即金融科技时代，已经在与欧美金融科技一争高下。百度在人工智能上投入巨资，给金融科技奠定了坚实基础。2015年以来百度研发投入过百亿元。百度大脑语音识别准确率达97%；在国际权威的FDDB、LFW等人脸识别检测评测中，百度人脸识别技术均排名第一，人脸识别准确率99.7%。

可以看到，百度在人工智能、大数据、云计算等领域已经取得了不错的成绩，这些优势将能够帮助百度构筑在金融科技领域的护城河，并在金融过程管理、风险管理、客户个性化服务等领域形成竞争优势。

目前虽然许多公司都开始攀上金融科技的高枝，打算弃互联网金融而去，但是，概念化炒作的多，拉大旗作虎皮的多，真抓实干的少。我们应该清醒地认识到，以智能互联网、大数据、云计算、人工智能等为特征的新经济时代的新金融、金融科技与企业的科技实力联系密切，这是智能互联网思维下的金融科技区别于传统金融的标志，也是未来很长时间的发展趋势。

● 金融科技不是什么企业都能做

经济学家向松祚先生就中国金融的一席话引起较大反响。他认为，今天的中国每个人都想搞金融，这是非常荒谬且不可持续的，尤其是互联网企业，几乎没有不想搞金融的，这是非常奇特的现象。

互联网金融、金融科技是一个伟大的创新，对中国旧有落后的金融体制带来了较大冲击，一定程度上缓解了弱势经济体的融资难、融资贵的问题。同时，金融科技绝对是未来金融业发展的方向，对中国互联网金融、金融科技的发展必须给予充分肯定。但是，这不等于目前的互联网金融、金融科技不存在问题。最大的问题就是向松祚所言的，出现一个全民、全社会办金融的现象，这种一哄而上的乱象最终必将导致局部的行业性金融风险。不仅如此，整个经济如果过度金融化，对实体经济发展乃至对整个宏观经济发展都是十分不利的。

笔者认为，首先要弄清楚什么是真正的金融科技。真正的金融科技以大数据、云计算为基础，利用互联网平台收集的海量数据，在金融的本质——信用的获取上更加高效、全面，从而提高金融交易的效率，降低交易风险。当然，互联网金融还包括在支付手段上依赖于互联网特别是移动互联网平台，使得金融结算支付方式出现大变革。

这就离不开互联网电子商务等基础平台，电子商务、社交互联网、搜索引擎等金融科技平台上的数据是一个长期积累的过程，积累到一定时候，自然而然就对金融有了必然的需求，这个时候互联网金融的诞生就顺理成章了。阿里巴巴系的互联网金融就是这样逐步顺应电子商务的发展而诞生的，支付宝、支付宝钱包、原先的阿里小贷、网商银行以及一系列理财公司和产品等都是如此。

对于目前P2P如火如荼又乱象丛生的现实，笔者认为，目前的大多数网贷企业不是真正的互联网金融，而是民间借贷包括高利贷搬到网上而已，其背后基本没有大数据，更谈不上云计算。一些企业一窝蜂开展网贷业务，甚至一些人简单弄个网络就开始做P2P业务，这其实就是穿着互联网金融的马甲而已。

所有互联网企业都涉猎金融绝对不是一个好现象。一方面互联网企业一定要明白金融绝对不是那么好做的，要慎重涉猎金融业务；另一方面，对于互联网金融、金融科技等新事物，监管上在包容、宽容、鼓励创新的基础上，应该及时给予风险警示，尽快出台以负面清单为核心的监管办法。既要通过市场的优胜劣汰、大浪淘沙式机制使其自动退出，又要通过强化监管勒令其退出市场。

● 全球最大5家公司排位更替的启示

在过去的10年时间里，全球市值最大的5家公司格局发生巨大变化。10年前，全球市值排名前五的公司分别是埃克森美孚（石油业）、通用（制造业）、微软（软件业）、花旗集团（金融业）、美国银行（金融业）；而10年后，排名前五的分别是Apple（苹果）、Google（谷歌）、Microsoft（微软）、Amazon（亚马逊）、Facebook（脸书），合称"FAMGA"，全部属于信息技术（IT）行业。

这5家IT巨头在众多行业中所占的市场份额惊人，涉及的业务又与人们的日常生活息息相关。谷歌在美国搜索广告市场占有88%的份额，Facebook

（包括其子公司 Instagram、WhatsApp 和 Messenger）拥有全美移动社交流量 77％的份额，而亚马逊在美国电子书市场上的份额达 74％。

当然，中国在世界这一轮新经济、新金融的机会中没有落伍。以"BAT"为代表的科技巨头垄断格局也日益显著，截至 2017 年 9 月底，腾讯、阿里巴巴位列中国上市公司市值排名前两位，腾讯市值高达 3816 亿美元，阿里巴巴市值为 4397 亿美元，排名第三的科技巨头百度的市值也达到 859 亿美元。

一些专家与媒体认为，19 世纪末的资本主义垄断时期已过去 100 多年，如今，科技巨头崛起，让全球再次进入垄断时期。他们试图从垄断角度来解释这一位置转换与调整，目的在于防止出现经济学上认为的技术与规模垄断市场的行为。这一说法有一定道理，但笔者认为，反垄断不能以牺牲科技进步为代价，否则就是因噎废食。

只要有一个适应技术创新的制度安排，只要具备让思想自由驰骋的环境，创新就永无止境，谁想持久垄断市场几乎都是不可能的。微软曾经多么不可一世，几乎垄断了操作系统与浏览器的全球市场，而如今又怎么样？柯达胶卷、诺基亚手机、摩托罗拉手机等都各领风骚好多年，但最后都被创新军打败。

就是如今的苹果公司，也没有以前那么光芒万丈了。不是苹果公司不优秀，也不是创新能力不强，而是更强的企业正在崛起，比如中国的华为等。

笔者更想从另一个角度来看待与分析世界市值最大的前 5 名公司换位次的问题。前 10 年的五强：埃克森美孚、通用、微软、花旗集团、美国银行，除了微软以外，都是传统产业，包括石油业、制造业、传统金融业。从不远的未来来看，这些行业可以说已经基本完成其历史使命了，更确切地说新的产业即新经济、新金融浪潮已经扑面而来，对其带来较大的冲击，甚至是颠覆。

整个世界正在快速转变。促成这项转变的是一张"网"，即互联网。互联网把世界变成地球村，移动互联网把世界变成"手掌心"。随之带来的变化是，整个社会生态、政治生态、经济生态、金融生态、文化生态都在发生大转移、大转变。就拿笔者最熟知的金融行业来说，2015年与阿里巴巴集团技术委员会主席王坚先生在其办公室的座谈至今记忆犹新。

王坚先生对互联网金融与传统金融着重阐述了两个观点：一是两者不是一个东西，二是两者不存在竞争。他说，互联网金融是飞机、高铁，而是传统金融是拖拉机，所以二者不同。二者不存在竞争主要是指，二者服务的客户群体不一样。互联网金融主要服务互联网上的客户，而传统金融主要服务线下柜台客户。二者的客户没有交集，怎么会存在竞争呢？

全球最大市值前5名公司位置调换，传统行业被清一色的高科技公司完全取代，是整个社会经济结构大调整、产业核心大转移的结果，同时这也预示着所有资本的投资方向与转移目标的重点。

笔者一再强调，无论你是投资于资本的一、二级市场，还是投资于实业，都应该从全球市值最高的5家公司都被高科技公司占领这点上悟到一些东西。无疑，在互联网、移动互联网、大数据、云计算、人工智能、物联网、区块链技术、科技金融等领域，未来投资前景广阔，不瞄准这些领域将会错过历史性机遇。

第三节　价值互联网时代来临

什么是价值互联网？英国学者克里斯·斯金纳（Chris Skinner）在其著作《FinTech，金融科技时代的来临》中给出的定义是：价值互联网是互联网价值（数字货币或商品）基于区块链协议，形成价值互联链，实现互联网价值的真实体现与透明转移。通俗来讲，所谓"价值互联网"就是通过互联网特别是移动互联网技术，实现价值（商品、服务、货币等）在买卖双方之间点对点的转移，从而省去了中间环节，提升了效率，降低了价值交换成本。

在旧有体制下，在商品及服务的转移过程中，我们所追求的价值交换体系不是点对点的。比如，我们有银行、交易对手方银行，以及银联等基础设施。随后，随着互联网技术发展，有了网银、支付宝、微信支付等，以满足人们对效率的需求。虽然相比以往效率提升了不少，但仍然绕不开银行、第三方支付机构等中间环节。

在这种机制下，完成一笔交易需要一长串链条的支持，包括付款银行、收款银行、POS机、手机、支付宝或微信软件等等。如此一来成本就会很高，不仅是费用成本，还包括时间成本。这显然不能满足互联网时代"任何时间、任何地点"的价值交换需求，而且也无助于全球化的价值交换。于是，开源网创造出了比特币（BitCoin）。加密货币（比特币便是其中之一）为价值互联网提供了基本条件。

当然，价值互联网并不仅限于买卖有形和数字商品及服务，它更关乎创造并共享理念、思想和乐趣等。价值互联网可用"点赞""分享""收藏"和"浏览量"等关键词来表示。举个例子，每天我的博客浏览量可达1000人次左右，而我在新浪微博上拥有超过241万粉丝。这意味着我拥有一种价值、一种存在感，能发挥某种影响力。因此，一些公司希望在我的博客上打广告。

　　在价值互联网上，Papi酱、mc天佑可以一夜走红，成为吸金无数的大"明星"，就是因为，当今社会的每个人都具有发言权，都可能成为一个平台，成为一个草根明星。在价值互联网中，所有人都可以创造价值，不仅通过数字商品及服务，也可通过数字思想及理念。当然，价值互联网并不仅限于买卖商品和共享理念，它的外延已经延伸到了我们生活的方方面面。

　　总之，价值互联网是互联网的新生代，目前正在构建中。它已被金融科技类投资所证明，适合重新设计互联网时代的交换价值。它会促使我们在将货币等实物数字化的同时，反思如何通过网络处理买卖业务的结构。凭借价值互联网及廉价的移动技术，地球上的每个人都可以成为价值生态系统中的一分子。这是一个革命性的转变，因为它意味着：只需通过分享与关注，人们便可以轻易地成为商人；人们表达想法和观点的途径更为便捷与多样，个人有更多的机会成为传媒明星或广告平台；人们也可以更方便地将自己制造甚至思考的东西变成金钱。

● 价值互联网的两大技术土壤

　　价值互联网，顾名思义，首先，它离不开互联网技术，特别是可以打破一切时间和地域限制的移动互联网；其次，要绕开传统中间环节，实现点对点的价值交换，基于区块链技术的数字加密货币完全可以做到这一点，数字货币为价值互联网提供了最理想的价值存储手段。

我们生活在一个移动互联网化的时代。

全球移动通信系统协会（GSMA）2017年3月发布的报告称，到2017年年中，全球手机用户人数估计将突破50亿。到2020年，这一数据将增至57亿。

另一项统计数据显示，美国人2016年使用智能手机的平均时长比2015年同期增加了35%，平均每天使用时长达到5小时40分钟。中国有近7亿移动用户，平均每天使用各种手机应用的时间达到1.5小时，大学生等年轻人每天的使用时间在5小时以上。最值得关注的是，使用手机玩游戏的时间大大下降，利用手机进行工作、服务、生活等活动的比例大幅度增加。不久的将来，手掌上、口袋里的一部小小手机将会完成更多的经济、商业、金融等服务与交易。

随着几乎所有国家的绝大部分人都开始使用手机，移动互联网迎来了飞速发展，移动互联网打破了网络通信的时间束缚和地域限制，让"anytime，anywhere（任何时间、任何地点）"成为可能。

在用户人数不断增多的同时，网络效应也会推动商品及服务价值的上涨，它使我们走向了网络经济。网络经济利用网络效应开创了贸易和商业，而这也是如今我们将移动社交视作一个重要的市场的原因。

同时，我们生活在一个从有形代币向数字货币过渡的时代。

以前，我们生活在一个通过有形代币进行有形价值交换的世界。有形价值代币就是银行卡和钞票，而有形价值交易场所就是商场、超市和零售店等，价值储藏手段则是银行。

后来,互联网的出现完全改变了游戏规则,我们的价值代币从有形走向了无形化和数字化:就虚拟数字货币而言,有"魔兽世界"的金币和腾讯的 Q 币;就积分代币而言,包括航空里程积分、零售店积分卡等;就预付费价值代币而言,有诸如移动通信商的通话时间等;就加密货币而言,有比特币等。

有了移动互联网和数字货币,人们就能够在全球范围内,在任何时间、任何地点进行全天候的价值交换。

● 价值互联网,由金融科技实现

近两年来,金融科技成为一个热词,这背后离不开价值互联网的推动。如前文所述,价值互联网是以两项技术为基础的:手机——让每个人能够实时交换价值;数字货币——提供了一种用作交换的价值存储手段。正是由于这些技术的兴起,金融科技公司才会成为资本市场的香饽饽。

金融科技是一个整合了金融和技术的新市场。这一市场是传统金融过程(流动资金、供应链、支付过程、储蓄账户、保险账户)的合成,但它用新的技术手段代替了那些传统的机制。

换句话说,"金融科技"这一术语描述了一个新的行业。比如,当提到零售商时,我们可能会想到亚马逊。那么,亚马逊到底是一家零售商还是电商公司?还是两者兼备?我认为它是一家数字服务供应商,也就是说,它是全新市场里的一个"新物种"。

金融科技是数字金融中新出现的一个市场,假以时日,它将替代传统金融的很多领域。这是因为价值互联网正在建立,而价值互联网会代替旧世界里处理实体货币的实体银行。以往,银行通过属地化的支行网络来处理文件的实体分送,而价值互联网则通过全球化的网络来处理数据的数字分送。数字网络代替了实体网络,互联网科技代替了旧世界的金融秩序,或使之脱媒化,互联网科技和金融的融合正在创建一个以技术为基础的新金融时代,即金融科技时代。金融科技用一个可以使用网络协议的数字核心建立起一个新的金融世界,它和数字银行牵手,一起成为金融和银行业的新定义。

所以,价值互联网是一个新市场,金融科技是 21 世纪的新金融,是银行业的新形式,未来将接管现行的金融市场。

第四节 区块链技术彻底颠覆金融市场

比特币自 2008 年被一名不明身份而自称为"中本聪"的加密爱好者创建以来,在全球拥有成千上万的拥趸,特别是很多 IT 技术人员和金融从业人员。他们认为金融将进入加密货币时代,加密货币技术将彻底颠覆金融市场。

提到比特币或加密货币,就一定绕不开它的底层技术——区块链(blockchain)。区块链技术起源于比特币,是比特币网络参与者们集体维护的一个总账本。每一个区块网络的参与者都是一个节点(node),所有的节点都保存了一套完整的账簿(ledger),账簿中记录了所有的历史账户信息,任何一个节点每发起一个交易行为都需要将交易行为信息传递到区块网络中的每一个节点中,保证保存于所有节点上的账簿都能准确地更新并验证这一笔交易行为。

关于区块链的原理,知乎上一位名为"Mu Tian"的网友举了一个通俗的例子。

想象一个封闭岛国的房地产市场,只允许岛民购买和出售岛上房屋;所有交易记录都由岛国唯一的地产中介进行打印和保存(因为其他人没有打印机)。每座房子的产权交易记录都是一条信息链,房子过往的每一次交易信息按照时间顺序形成了一个链条。假如每份记录都被锁在一个独立的信箱里,只有房屋所有人拥有钥匙;新的交易记录可以被塞进信箱里,成为信息链的最新一环,但是一旦塞进信箱里,记录就不可以再被取出丢弃,或者被修改。此时,所有这些信箱合起来就是一个非数字化的区块链——信息加密,每个秘钥持有人仅可以看到或者授权他人看到自己房屋的交易信息;而每次给房屋添加交易信息都是永久不可逆的过程。这些信息不会丢失,不能修改。

再想象一下,如果岛上并没有中介,而是每家各有一个打印机和一面对应岛上所有房产的信箱墙,各家人依然只可以打开自家墙上跟自己房产有关的信箱。如果每次有一座房子被交易,交易人要跑遍岛上所有人家,给对应的信箱里添一页记录。那这时候,即使有几家发生了火灾,丢掉了交易记录,或者有人偷偷把自己家信箱里的记录撤换掉,整体交易记录也不会出现偏差——居民只要在每次交易之前拿出每个人那里保存的交易记录副本,根据多数原则确定统一的交易历史,并纠正错误的副本,就可以在无监督的情况下运行区块链。这也就是常常被与区块链混为一谈的另一技术:分布式账本(distributed ledger)。

区块链是比特币的核心技术,具有去中心化存储、信息高度透明、不易被篡改等特点。区块链通过去中心化的形式实现了整个网络内的自证明功能，而不是传统形式下由中心化的第三方机构进行统一的账簿更新和验证。因此，区块链技术是通过去中心化和去信任的方式集体维护一个可靠数据库的技术，比特币只是区块链技术的第一个应用。

据"中本聪"2008年发表的论文，区块链"完全是P2P的新电子现金系统，不涉及被信任的第三方"。为了实现"中本聪"这样去中心化的系统的梦想，比特币必须避免任何对第三方的依赖，如传统支付系统背后的银行。高盛分析师Robert D. Boroujerdi认为，这种去中心化基于密码学的解决方案去除了中间人，具有重新定义交易和多行业后勤办公的潜力。

关于比特币和区块链的关系，我们可以简单地理解为：区块链是一个非集中的、分散式的电子分类账，追踪记录谁拥有多少比特币，由世界各地所有的比特币用户共同维护。这里我们可以做一个形象的类比，假如区块链是一个实物账本，一个区块就相当于账本中的一页，区块中承载的信息，就是这一页上记载的交易内容，而比特币就是在这个账本上使用的记账单位。

区块链是如何运作的呢？华尔街见闻专栏作家张美在撰文中阐释，区块链是一群分散的客户端节点，这些节点通过解决一个计算难题，来获得记账的权利；任何区块链网络上的节点，都可以观察到整个总账；区块链数据由每个节点共同维护，每个参与维护节点都能复制获得一份完整数据库的拷贝。参与处理区块的客户端可赚取一定量新增发的比特币，以及用户支付的用于加速交易处理的交易手续费。但为了得到新产生的比特币，参与处理区块的用户端需要付出大量的时间和计算力，这一过程被称为"挖矿"。任何人都可以在专门的硬件上运行软件而成为比特币"矿工"，他们在世界各国进行操作，没有人可以对网络具有控制权。

与比特币的饱受争议相比，区块链技术显然在更大程度上被接受和青睐。高盛集团表示，区块链技术可以彻底改变传统的支付体系，它可用于包括发行证券、智能合同等大量事物中，比传统交易体系更迅速，成本也更低。专注于科技创业公司融资服务的美国纳斯达克认为，区块链技术对于管理传统证券而言将是一种数字革命，希望能将区块链技术运用到股票市场之中。瑞士联合银行集团（UBS AG）的首席投资官 Oliver Bussmann 曾表示，区块链将是金融领域里最大的颠覆性力量，这意味着它的成功可能会对银行和贸易公司等产生深远的影响。

● 区块链要将人类带回"高级原始社会"

我们可能正面临一场革命，这场革命始于一种新的、边缘的互联网经济。世界经济论坛（即达沃斯论坛）创始人克劳斯·施瓦布（Klaus Schwab）说，自蒸汽机、电和计算机发明以来，人们又迎来了第四次工业革命——数字革命，而区块链技术就是第四次工业革命的成果。区块链作为下一代的可信互联网，未来将让整个基于互联网的企业、生态、产业链彻底做一次变革创新。马云曾经说过："在很多人还没搞清楚什么是 PC 互联网时，移动互联网就来了，在我们还没搞清楚移动互联的时候，大数据时代又来了。"现在，我们是否可以在后面加上一句："在人们还没搞清楚大数据是什么的时候，区块链又来了。"

区块链本质上是一个去中心化的分布式账本数据库，是比特币的底层技术，和比特币是相伴相生的关系。区块链自动化可以降低支付成本并缩短处理时间，去中心化、开放的特点则有助于平台内创新，提高安全性。金融机构例如高盛、花旗、纳斯达克等都在积极探索区块链在金融领域的应用,同时大力布局从事金融交易清算业务的区块链技术公司。

《华尔街日报》将区块链技术誉为"500年以来金融领域最重要的创新"。威廉·吉布森曾说过:"未来已经发生,只是尚未流行。"相信区块链技术能够引领未来5～10年的计算机和互联网领域的发展,我们已隐约听见不远的未来区块链技术革命发出的呐喊声。

我们经常说,以区块链技术为核心的比特币等电子货币是金融科技的主要分支与表现。如果说人工智能机器人将要颠覆传统银行几乎所有业务的话,那么以区块链技术为核心的数字货币将对传统央行货币体系带来巨大冲击,这将是世界金融发展史上的一件革命性颠覆大事件。

这不,就在我们谈论区块技术时,区块链技术已经在石油交易上开始使用了。2017年3月下旬,托克(Trafigura)商贸公司和法国外贸(Natixis)银行正在寻找更廉价的方式简化贸易流程,它们共同测试区块链在美国石油市场贸易上的应用,这表明数字技术可能改变原油交易。从2016年11月以来,Trafigura公司和Natixis银行一直在利用得克萨斯州的原油贸易渠道模拟区块链运行,该技术可以省去石油贸易中诸如通过电子邮件或传真发合同、信用证,以及检查等烦琐的文书工作。

法国Natixis银行纽约市全球能源与商品主管Arnaud Stevens表示:"使用区块链的目的就是为了整合工作流程。而且,区块链还可以削减石油贸易中的时间成本。"

此次尝试是区块链在美国石油市场的首次尝试。2017年1月,瑞士Mercuria能源集团首席执行官Marco Dunand在接受路透社采访时透露,该集团此前已经使用区块链技术将非洲的原油出售给中国。

区块链本质上是一个去中心化的分布式账本数据库，区块链自动化可以降低支付成本并缩短处理时间，去中心化、开放的特点则有助于平台内创新，提高安全性。这是将区块链技术在石油交易上使用的直接目的。Trafigura公司首席财务官Christophe Salmon表示："主要石油贸易商和炼油厂应该广泛应用区块链技术，我们期待更多的人能够看到区块链潜在的商业利益。"

另一家主要商品贸易商的负责人表示："银行以分布式账本数据库的形式（如区块链）提供的贸易融资既能大幅降低成本，又能提高安全性。"

Trafigura公司和Natixis银行关于区块链在石油交易上的测试由IBM公司主导。区块链技术公司副总裁James Wallis坦言："该测试其实并不需要花费大量的人力物力。"Stevens先生还表示："必须建立起一个庞大的贸易网络，以便区块链能够更好地融入原油市场。目前，Natixis银行已经与石油贸易商及其他商业银行就如何使用区块链的问题展开讨论。"

这些去中心化、透明、公开、可监督、可追踪等特点，已经使得传统主权货币被边缘化了。这背后的巨大意义正如互联网领域最知名的"预言家"凯文·凯利在《失控》一书中指出的，未来世界的趋势是去中心化的。亚当·斯密的"看不见的手"就是对市场去中心化本质的一个很好的概括。点与点之间直线距离最短，人与人之间沟通的最佳模式也应该是直接沟通，无论从哪个方面切入，去中心化的市场本质都是无可辩驳的。

人类经过几千年复杂纷繁的演绎进化后确实已经"太累"了。以互联网、大数据、云计算、区块链技术、人工智能等为代表的工业4.0技术、数字革命，或将把人类拉回到交易关系简单的"高级原始社会"，这或是数字革命带给我们最大的变化与革命性、颠覆性。

未来世界的趋势是去中心化的区块链，或是实现去中心化的创新性技术，去中心化率先从金融科技起航了！

● 区块链创新引爆华尔街

因看好区块链颠覆性技术在金融领域的发展前景，华尔街大佬们纷纷投身于这项技术革命：高盛联手其他投资公司向比特币公司 Circle 注资 5000 万美元；分布式账本初创公司 R3CEV 已经与 20 多家银行达成合作，正在开发区块链技术架构等；就连美国三大证券交易所之一的纳斯达克也在测试区块链技术。

2015 年 5 月，据《华尔街日报》报道，纳斯达克-OMX 集团（Nasdaq OMX Group Inc）正在测试区块链技术，该技术有机会颠覆传统的金融交易方式，变为与比特币类似的交易方式。如果该技术取得成功，纳斯达克-OMX 集团希望将其运用到股票市场，这或将改变全球资本市场格局。

稍早之前，纽约证券交易所宣布投资比特币交易平台 Coinbase，高盛集团则投资比特币消费者服务公司 Circle，而大型贸易公司 DRW 控股有限责任公司则表示，其旗下的子公司已经开始尝试加密货币交易。

同时，和纳斯达克类似，由前摩根大通高管 Blythe Masters 领衔的 Digital Asset Holdings 公司也在开发一种基于区块链系统的证券和资金转移系统。

2015 年 12 月，被称作"华尔街女皇"的前摩根大通大宗商品全球主管 Blythe Masters 为其区块链创业公司数据资产控股公司（Digital Asset Holdings，DAH）融资，而她的一些华尔街老朋友排着队为她"开支票"。Blythe Masters 曾是华尔街最有威望的女性。由于华尔街对投资 Masters 的新项目有很大的兴趣，DAH该轮融资超额认购，甚至一些投资者对DAH的慢进度显得非常不耐心。

据了解，摩根大通以750万美元主导投资融资，西班牙桑坦德银行（Spanish Bank Santander）投资300万美元，Blythe Masters在该银行担任非执行董事。其他潜在的投资者包括Markit、美国银行、高盛、摩根士丹利、花旗和纳斯达克。当然，也不是所有的投资者都如此看好Blythe Masters的新项目。美国前财政部长、现Warburg Pincus主席Timothy Geithner就拒绝了加入DAH董事会的邀请。

● 区块链进入"黄金时代"

黄金交易正迎来里程碑式技术革命，区块链技术可以让黄金支付的功能变得和刷卡一样简单。

欧洲清算银行有限公司（Euroclear）在基于区块链技术的黄金交易测试中取得重大进展，2017年4月12日已经正式宣布完成了第二阶段的平台测试，并且在2017年推出基于区块链的黄金交易产品。目前进展情况十分顺利。

我们先来看看传统的黄金交易是个什么情况。2015年，在欧洲伦敦黄金市场，现货黄金价格的制定需要通过每天两次的电话商议。其操作方式主观性非常强，与其他做市商价格机制的形成一样，它也需要各个做市商叫价后撮合形成一个所谓的市场价格。

一直到2015年，世界上最大的黄金市场伦敦黄金市场开始改为使用电子定价体系，希望可以引发投资者的参与热情，并解决困扰多年的交易不透明、效率低和人为操纵的问题。然而，目前现货黄金定价依然局限在"黄金屋"，每天制定两次定盘价，实物黄金以场外交易（OTC）为主，不透明和对账不清的问题得不到解决。这是近代黄金交易发展的巨大阻碍。

区块链技术怎么参与黄金价格交易与定价呢？区块链黄金交易平台是由 Euroclear 公司与区块链创业公司 Paxos 以及 16 家金融机构组成的团体共同开发而成的，参与试点的金融机构包括花旗银行、加拿大丰业银行（Scotiabank）和法国兴业银行（Société Générale）。

使用区块链分布式账本，意味着黄金交易所有权可以被分成很多小份。交易所黄金的最小交易单位为 0.001 克。黄金的所有权及其所有交易过程都被记录在一个数字账本上，交易所把黄金放入"保管库"，为用户提供一张类似万事达卡（MasterCard）的支付卡，用户可以用这张卡进行支付，从而实现黄金小额支付。

传统黄金市场中资产所有权往往是不透明的，区块链科技能够提供"更高水平的可追溯性与审计"，提供不被篡改的所有权记录，这就使得黄金所有权更加清晰透明，并为交易者和投资者提供更加流动的买卖市场。

依托于区块链技术的黄金交易平台对市场具有里程碑式的重要作用。投资者更加信任"数字化黄金"，通过区块链平台进行黄金交易可以有效消除交易双方对黄金定价制度和资产真实性的质疑，从而扩大黄金市场交易深度，提高交易量。

不仅如此，新技术将推动新型证券组合的出现。投资者将不再只是依附于"纸黄金"（paper gold）和"黄金储备银行"（gold reserve bank）等仅部分基于真实资产的衍生产品交易平台，而是通过供应黄金的区块链产品手握坚实的盾牌。

市场需求的旺盛和选择范围的扩大将进一步提高流动性，反过来又会增加流通量。这个良性循环的过程可以增强黄金作为抵押品和交易手段的功能。"有效性越高，价值就越大。"

过去，由于比特币的基础技术是基于区块链的，人们对区块链技术的认识仅仅局限于数字货币上。不过，通过对区块链技术的深入研究使得我们豁然开朗，区块链技术在数字货币上仅仅只是一个非常小的应用，区块链技术可以应用到所有或者说颠覆所有中心化或称中介化的领域与行业，包括货币、银行、证券、交易所、房产登记机构、各类经济金融监管部门等。因为区块链技术的第一大特征就是去中心化，这就意味着一切存在中心化的东西都将被淘汰出局，这是一个毋庸置疑的颠覆性革命事件。

作为区块链技术第二大特征的信用证明与背书作用也将彻底改变全球经济金融中最大的难题——挖掘与获取经济金融交易主体的信用问题。这不仅使传统的信用机构、获取方式被颠覆，就是大数据、云计算征信、挖掘信用的最新手段也将面临挑战。

区块链技术的透明度、透明性是无与伦比的。区块链上每一个区块都有两把钥匙，一把公钥匙，一把私密钥匙。公钥匙可以打开所有区块，每个区块内的经济金融信息都是透明的，而私密钥匙只能用于交易。这两把钥匙的配备既保持了透明，又确保了财产所有权、交易权等。

这就意味着从理论上说，区块链技术可以应用到一切经济金融交易之中。可以这样说，第一次工业革命是以蒸汽机的发明为标志，第二次工业革命的标志是电力的产生，第三次工业革命的标志是电脑与互联网信息技术的出现，那么第四次工业革命的标志将是区块链技术的诞生。

一个看似拗口的区块链技术，在未来二三十年里将产生重要的、颠覆性的、革命性的大变革。

● 从"去中心化"趋势看金融科技

银监会首次点名批评现金贷,意味着消费金融这个短期迅速膨胀的市场所埋藏的种种隐患,已引起监管部门的注意。

2017年4月10日,银监会官网发布消息称,近日已发布《关于银行业风险防控工作的指导意见》,其中,银监会首次点名现金贷,强调要做好清理整顿工作——"网络借贷信息中介机构应依法合规开展业务,确保出借人资金来源合法,禁止欺诈、虚假宣传。严格执行最高人民法院关于民间借贷利率的有关规定,不得违法从事高利贷及暴力催收活动。"

现金贷引起监管部门的关注并不奇怪,进行监管也是非常必要的。其引发的一些深层次思考,包括监管部门在内的相关主体都应该引起高度重视。

从2013年互联网金融元年以来,以互联网、移动互联网、大数据、云计算、智能化等为核心基础的新金融发展形势一发不可收。尽管中国监管部门对互联网金融风险进行专项整治,但是,稍加观察就会发现金融市场又衍生出许多新的互联网金融业态,又冒出许多新的互联网金融平台:学生贷、现金贷、微利贷,以及数不清的网络投资贷款融资平台等。同时,互联网金融方兴未艾,金融科技又迅速发展,而且覆盖领域更广,影响更深远。

深度观察可以发现,我们必须从更高层次、更深层面、更开阔视野来看待新金融。一个基本结论是互联网金融、金融科技不仅会颠覆传统金融,而且会颠覆传统监管手段。原因在于,全球去中心化是大势所趋,而传统金融都是中心化的。

谈到全球去中心化趋势,不能不说一个点对点技术的概念。点对点技术

(peer-to-peer,简称 P2P)又称对等互联网络技术,是一种网络新技术。它依赖的是网络中参与者的计算能力和带宽,而不是聚集依赖于较少的几台服务器。P2P 网络通常通过点对点(Ad Hoc)连接模式来连接节点。这类网络可以用于多种用途,比如我们熟悉的 P2P 下载软件。P2P 技术也被使用在类似 VoIP 等实时媒体业务的数据通信中。纯点对点网络没有客户端或服务器的概念,只有平等的同级节点,同时对网络上的其他节点充当客户端和服务器。这种网络设计模型不同于客户端—服务器模型,在客户端—服务器模型中通信通常来往于一个中央服务器。

点对点技术是大势所趋,这种不依靠中央服务器的技术模式将是一种颠覆性的革命。从金融上观察,比特币底层技术的区块链就是去中心化的,也是对依赖中心化货币金融的大颠覆。

以淘宝购物为例,整个交易的过程除了买家和卖家之间,还包含第三方支付宝。这个第三方,就是每天大量交易和支付的中心。实际上,所谓"去中心化"就是"去中介化",在交易中省去支付宝这一中介。问题是,现实中庞大的代理中心通常又是信息的权威节点,比如支付宝的设计很大程度上避免了买卖双方的欺诈行为。那么,"去中心化"如何确保信息的可信度和准确性呢? 这正是区块链技术所要解决的核心问题。

2009 年,中本聪(Satoshi Nakamoto,化名)发表了第一个比特币规范及其概念证明。此后,在众多开发人员的共同推动下,比特币的影响力迅速上升。比特币是第一个去中心化的对等支付手段,它所实现的就是点对点的直接交互,无须中央管理结构或中间人,这一特点使得高效率、大规模、无中心化代理的信息交互方式成为现实,它所利用的就是区块链技术。

区块链本质上是一个去中心化的分布式账本数据库,它按时间顺序将数据块连接起来,每个数据块包含了多次交易有效确认的信息,密码学的设计又确保了账本不可篡改和不可伪造——一旦记录下来,在一个区块中的信息将不可逆。由于区块链的信息为整个系统所共有,由多方共同维护,有一个"统一共识"机制保障,因此,互相不了解的陌生人之间,可以借助这个公开透明的数据库背书信任关系,完成端到端的记录、数据传输、认证以及合同执行,这种自主管理也就不需要一个中心化的代理机构。

去中心化的区块链技术支撑的比特币首先威胁的是全球央行中心化的主权货币发行。目前模式下,央行本身是最大的结算机构。整个金融体系的结算,包括货币发行都掌握在央行手中,所以区块链未来可能颠覆央行的地位。

原来整个金融结算体系就像一个大的服务器,所有下载的东西都存在于大的服务器里面,且每笔交易都要去跑一遍大服务器,所以大服务器的负载特别高。因此,央行结算体系是 T+1,即每天晚上 12 点做结算,全国最起码有几千亿的货币量都需要在晚上一个小时之内结算完,第二天才能告诉你账上多了多少钱,少了多少钱,这就是非常中心化的结构。

区块链出现后,就没有必要去一个中心机构完成结算,反正你的电脑上也会保留这个结算信息,把结算信息保留在这几个电脑里就可以了。比如说几百个、几千个电脑能验证这笔交易就可以了,再也没有中心化的机构了。

区块链技术的去中心化可能会彻底颠覆美元的国际货币地位。目前,跨境贸易结算大多使用的是美元,随着基于区块链技术的贸易结算不断普及,美元的国际结算地位将受冲击。

我们进一步分析,从传统上来讲,金融就是一个媒介服务。原来历史上都是一些大的中心化机构在提供金融服务,满足大家的金融需求。比如说,你有钱的时候需要理财来获得收益,没钱的时候需要借钱,这是大的金融需求。此外,还有买股票获得收益的需求和获得保障的需求——保险。以前,这些金融需求都是大机构来满足你,包括大银行和大保险公司。

但随着互联网和大数据技术的发展,可以不需要这么一个庞大的中心机构来提供这种服务了,这和整个互联网发展趋势非常一致。金融机构最基础的角色就是作为资金融入方与融出方之间的媒介,为双方搭建了一个平台,它最看重两件事:一是效率;二是安全,即降低坏账风险。

把视野放得更开阔一些,撇开网络技术层面来看,全球去中心化趋势无处不在。互联网把世界变成了地球村,移动互联网把世界变成了手掌心。这为全球去中心化、点对点直接交易奠定了基础。在网络上,随便搞一个社区,搞一个朋友圈,拉一个群,创建一个空间等就可以将全球人弄到一起直接一对一、点对点地交流,省去了多少中间环节或者中心中介呢? 在这些平台上可以从事文化、经济、金融、教育等绝大部分的人类日常活动。虽然这不是网络技术意义上的真正去中心化,但是表现形式上却是异曲同工、殊途同归的。这确实是一场革命性、颠覆性的变革,不仅限于金融领域。

从监管角度来看,面对点对点的去中心化趋势,传统的监管思路、制度安排等都将彻底失效。这或许是互联网金融模式四处冒出,监管部门救火般地监管也无法有效扑灭的原因。面对点对点去中心化趋势,金融监管要根据这个趋势进行新思路、新制度的安排建设。

● 传统金融业对区块链必须有足够认识

2017年4月中旬,普华永道发布的调查报告显示,中国的金融从业人员尚未对金融科技引起足够的重视,在运用已经较为广泛的区块链技术中,有30％的受访者表示完全不知道区块链技术,有40％的受访者仅在新闻中读到过区块链技术,这说明金融科技的普及程度仍然较低。

以余额宝诞生为标志,中国互联网金融风起云涌,领先于潮头,让世界各国刮目相看。但是,随着近年来互联网金融的"野蛮生长",一些披着互联网金融外衣的非法集资、投资诈骗活动时有发生,监管部门重掌出击,对其进行整治。

与此同时,欧美发达国家趁机加大投入力度,大力发展金融科技。以人工智能投顾、区块链技术为支撑的数字货币,各种人工智能金融服务包括人脸识别、指纹加密、智能语音等技术都开始运用到金融领域。

金融科技的发展可以用日新月异来形容。世界大型资产管理公司、保险公司等在智能投顾上从研发到生产,现在已经开始投入运用;区块链数字货币在日本、加拿大等地也开始进入了结算领域,美国已经将区块链技术运用到了石油市场交易之中。

中国传统金融机构在金融科技的发展上显然慢了一拍,从以上普华永道对银行员工的调查结果就可见一斑。目前在中国商业银行开展的区块链研究与使用都是浅层次、概念化的。

2017年1月初,邮政储蓄银行推出了基于区块链的资产托管系统,资产托管系统以区块链的共享账本、智能合约、隐私保护、共识机制四大机制为技术基础,选取了资产委托方、资产管理方、资产托管方、投资顾问、审计方五种角色共同参与的资产托管业务场景,实现了托管业务的信息共享和资产使用情况的监督。值得注意的是,区块链解决方案实现了信息的多方实时共享,免去了重复信用校验的过程,将原有业务环节的时间缩短了60％～80％。

工商银行董事长易会满在 2016 年年度业绩发布会上也表示："对于区块链技术，我行的研发应用非常顺利，预计 2017 年将投入实际应用。我们完成了基于区块链技术的金融产品交易平台原型的系统建设，这个系统在传统交易模式基础之上，为客户提供点对点的金融资产转移和交易服务，预计不久就能够跟大家见面。"

光大银行已经将区块链技术运用到实际业务中，其科技创新实验室已经成功孵化出用于该行"母亲水窖"公益慈善项目的区块链公益捐款系统。光大银行信息科技部李璠总经理表示，金融科技时代，新信息技术的发展为科技创新带来新的变革力量，对慈善基金来源和使用进行更加有效的监管，提升了公益捐款透明度，有助于推动慈善公益事业的健康发展。从银行的角度来说，将公众的爱心安全可靠地传递给慈善机构，提升了银行的社会形象和公信力。

招商银行董事长李建红也在 2016 年业绩报告上透露，该行每年在 IT 上投入 50 亿元，已经领先同业，但仍要从 2017 年开始，将每年利润的 1% 投入金融创新和金融科技之中。

数字货币是金融科技的一个重要应用领域，而数字货币的核心技术就是区块链。区块链技术有可能重构金融行业底层架构，有降低信用风险、架构灵活、降低运作成本、实现共享金融等优势，可以广泛运用到点对点交易、登记、确权、智能管理等业务当中。

因此，我们必须站在更高的层面来认识区块链技术。全球未来趋势是去中心化，而区块链是金融去中心化的核心技术，谁掌握谁就能拥有主动权。

为何说全球未来趋势是去中心化的呢？我们需要从全球互联网领域最受欢迎的"预言家"——凯文·凯利（Kevin Kelly）的伟大预言谈起。凯文·

凯利在 1994 年出版的《失控》一书中提到的很多未来技术，如 WEB 2.0、比特币、P2P、社交媒体等，现在均一一实现。目前我们熟悉的大众智慧、云计算、物联网、虚拟现实、敏捷开发、协作、双赢、共生、共同进化、网络社区、网络经济、共享经济等概念，都能从《失控》一书中找到原型。

凯文·凯利认为，未来网络最好还是均匀分布，也就是说，网络的连接是个体与个体之间的自由连接。这样当网络受到攻击时，基本不会遭受大的影响，甚至可以说，这样的网络无法被击垮。但是以上是基于理想状态下的，就目前而言，互联网并不是那么发达，还不能让一个个体（小集体中心亦是）产生如此多的连接。其次，均匀分布的网络使得个体访问一个节点的路径增长，如果网络不够发达（比如现在），网络的响应就会很慢。

反向看来，网络如果集中在某些大节点上，只要保护好这些大节点，网络的稳定性就不会受太大影响。在个体看来，就是只要我上得去谷歌、百度，网络对我而言就没有瘫痪。

不过，去中心化的趋势会一直进行下去。网络会从目前的几百个大节点变成几百万个大节点，把每个小网络看作一个节点，节点之间的连接将四通八达。比如中国与美国这两个大网络之间的连接将不再是可以数得清的海底光缆，而是无数的链路，是计算不出来的拓扑，届时，网络监控将变得更加困难。

而区块链技术的一个特征就是点对点的去中心化。这个世界在不断地从科层制之中去中心化，我们已经见证了很多技术和商业领域去中心化的过程，我认为，这一趋势将会在未来 20 年中继续发生。

只要还有一些中心化的东西存在，我们就可以讨论如何将其去中心化。比如说银行业。银行一直是一个非常"中心化"的行业，于是我们可以来谈论

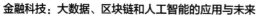

一下，如何将金融服务去中心化，变成分享经济模式，同时又分享影响力。

对去中心化进程的一个回应是分享。分享是去中心化进程的动词表达，这是我们之所以有很多分享社区的原因。我们可以分享数据、进程、影响力、信息，去中心化的结果即分享行为的增加。过去的专家并不会分享金融信息，如果要研究人们现在开始分享的原因，我们就必须强调"分享"的特质和能力。

回到区块链技术支撑的数字货币上，去中心化的交易是一种技术的变革，用户可以凭借授权码在此平台上交易，这样就会发生个体与个体进行的交易、P2P 贷款等行为，银行将不再存在。数字货币是一种很有潜力的电子货币，但它有很多不被认可的地方，比如发行主体问题、安全问题。即便如此，还是应该对它进行关注。实际上，中国央行正在研发官方版的数字货币，因为货币的去中心化也是未来的趋势。凯文·凯利认为，这个领域有很大潜力。

我们应该重视凯文·凯利这类预言家的预言，中国金融科技不能起个大早，赶个晚集。

03

数字货币之美

以区块链技术为核心的数字货币,大有替代主权货币的趋势,各国央行可能都会被冲击。

2017年1月25日媒体报道,中国央行推动的基于区块链技术的数字票据交易平台已经测试成功,该平台搭载运行由央行发行的法定数字货币。当然,这里说的是"试运行",而不是"运行"。实际上,测试用的货币,连央行的大门都还没出。

谈到这里,有两个概念我们需要区分清楚。

一、数字货币 ≠ 货币数字化

数字货币绝不仅仅是纸币的数字化那么简单,支付宝之类只是钱包和银行卡的一个延伸,背后对应的还是具体的银行账号和花花绿绿的纸钞,但数字货币则不同了。举个例子,我们去喝咖啡,用数字货币的结算方式属于"支付",而用支付宝、微信就属于"支付系统"了,它背后需要记账、结账、对账,也就是说,支付宝、微信本质上是支付系统,而数字货币则是支付工具,也就是货币。

二、数字货币 ≠ 比特币

很多人拿比特币与数字货币作比较,但前者是基本上找不到现实流通场景的虚拟商品，和作为流通手段的法定货币没法儿比。

其实，中国测试的这个数字货币，倒可以看作比特币去掉两个特性之后剩下的"产物"：去掉"完全去中心化"和"匿名性"，而第二点也正是法定数字货币能领先于传统纸币、电子支付方式等的显著优势所在。数字货币在发行、流通、储存等各个环节都必须完全透明、完全可查。在大数据下，央行也没有必要再通过那么多级商业银行来完成对个人和企业的授信了。

中国央行的数字货币对人民币国际化来说，未尝不是一种弯道超车的手段。

实际上，这么一块"高大上"的肥肉，英格兰银行、澳大利亚储备银行等都是先行者。大家的出发点很简单，首先，纸币流通成本太高，其次就是为了更强地影响市场。

那么，有了法定数字货币，比特币这种早期非官方数字货币的位置在哪里？货币的淘汰很常见，从宋元交子到大通胀中被市场抛弃的津巴布韦币，阳光下没有新鲜事儿。的确，比特币本身存在各种问题，所以现在很多国家（包括中国）央行都在研发自己的数字货币。

目前国内比特币投资有那么点水深火热的意思，中国已经让出比特币全球第一大交易市场的位置，这种情况下，官方加持的数字货币对比特币来说，大概也算是一丝可以期待的曙光了。

第一节　数字货币将带来金融业巨变

2016 年 1 月 20 日,中国人民银行数字货币研讨会宣布对数字货币研究取得阶段性成果。会议肯定了数字货币在降低传统货币发行等方面的价值,并表示央行在探索发行数字货币。一年后,央行宣布基于区块链技术的数字票据交易平台已经测试成功,该平台搭载运行由央行发行的法定数字货币。

作为当前备受关注的金融科技重要组成部分,数字货币(digital currency)不知不觉已经呈现在社会、经济、金融等各个领域面前,并开始渗透到金融业的根本和起源——货币领域。这是一件极其令人震惊的大事件,说明借助于互联网技术和平台的金融科技无论如何都是难以被压制的,即使能够被压制一时一处,它也可能会从其他地方以其他形式冒出。

作为一种全新的通货手段,数字货币概念的内涵和外延目前尚没有定论,仍在探讨之中。不过,从广义的数字货币看,应该包括网络支付的电子货币、比特币等。纯粹的、狭义的数字货币,主要是指区块链技术支撑下的数字货币,其特点是去中心化,通过技术而非中心机构解决了在虚拟经济体系中的信任问题。以比特币为例,它没有一个集中的发行方,而是由网络节点的计算生成,谁都有可能参与制造比特币,且可以全世界流通,可以在任意一台接入互联网的电脑上买卖,不管身处何方,任何人都可以挖掘、购买、出售或收取比特币,并且在交易过程中外人无法辨认用户身份信息。任何人挖掘的任何数字货币投入流通后，都是单一、留痕、可追踪并且可能是有限的。

去中心化，彻底解决了央行集中控制货币发行权导致的货币超发问题，进而解决了发生通货膨胀的根本性问题。国家机器和央行再也不可能控制货币以及货币发行，货币政策将可能会成为历史。

同时，由于数字货币一诞生就是面向全球的，国家之间利用货币竞争性贬值、打货币战等现象也将不复存在，甚至美元的国际储备货币地位等也将成为过去式，甚至各个国家央行是否有存在的必要，都需要研究探讨。接下来，玩货币信贷的银行等金融机构所有的游戏规则都要重新设计和安排，纸币将很快退出流通领域。

这才是数字货币可能引发的巨变和颠覆，技术进步倒逼体制变革将会迅速发生。

实际上，不仅在传统纸币发行领域，在众筹、P2P、证券等传统金融领域，数字货币背后的区块链技术也将带来颠覆性变革。

不止如此，由于数字货币提升了经济交易活动的便利性和透明度，其在打击洗钱、逃漏税等违法犯罪方面也将大有作为。随着区块链技术的应用，全国甚至全世界都将建立统一账本，让每一笔钱、每一次交易行为都可追溯，逃漏税、洗钱行为将无法隐藏在阴暗的角落里。

此外，数字货币将使得所有人的信用积累和档案可追溯、可获取，这对于促进信用体系建设意义重大。数字货币推广后，从社会信用积累的角度，企业和消费者都会倾向于使用数字货币、刷卡消费，因为电子交易有数据痕迹，可以据此积累企业和个人的信用，这会成为获得银行等金融服务的依据。这也是全球有眼光的投资企业纷纷开始研究数字货币背后的核心技术——区块链的原因。2015 年，包括美国纳斯达克集团在内的很多欧美主流金融机构纷纷试水区块链技术,中国互联网巨头阿里巴巴旗下的阿里金融也宣布可能会提供基于区块链技术的云服务平台。

从主权国家的央行看,中国央行率先研究数字货币,已经走在世界主权国家政府的前列,值得点赞。2017 年 10 月,在华盛顿举行的国际货币基金组织(IMF)年度会议上,国际货币基金组织总裁拉加德表示,银行和监管机构是时候认真对待数字货币了。她说:"我们应该意识到,我们不能轻易把与数字货币相关的所有事情归类为投机或庞氏骗局。数字货币还有很多其他的东西。"

拉加德并不排除国际货币基金组织在某种程度上可以发展自己的加密货币。她指出,国际货币基金组织的特别提款权(SDR)是国际货币基金组织为作为国际储备资产而设的货币,可以融合与加密货币相似的技术。

"我们将要研究的是,SDR 这种特殊的货币如何实际使用该技术来提高效率和降低成本。"拉加德表示,金融科技已经在金融服务行业引起了变革,因为新技术降低了金融交易的成本。她指出,分布式分类账技术,如区块链,可以让银行体系变得更具包容性。

● 比特币为什么受追捧?

随着信息技术的进步,人们的生活逐渐网络化、数字化,人类社会因此发生着深刻的变化。互联网在改变人们工作、生活的同时,其"平等、开放、共享、协作"的精神也被越来越多的人所接受。人们对数字货币的探索,在这样的背景下应运而生。其实相关的探索早在 20 世纪八九十年代就开始了,但一直仅限于少数团体的研究层面,直到 2008 年全球金融危机爆发后,数字货币才变得家喻户晓。

2008 年 9 月，以雷曼兄弟的倒闭为开端，金融危机在美国爆发并向全世界蔓延。为应对危机，各国政府采取量化宽松等措施，救助由于自身过失而陷入危机的大型金融机构。这些措施引来了广泛的质疑，并一度引发了"占领华尔街"运动。人们对政府将货币玩弄于股掌之间，通过任意放水、制造通胀来隐性剥夺民众财富的做法已经厌恶透顶。大家迫切需要一种新的替代货币来摆脱政府对公众财富的隐性剥夺，于是，带有去中心化、节点透明、数量有限、人人可参与挖掘发行等光环的比特币迅速被大家所接受。

2017 年 2 月 24 日，Coindesk 比特币价格指数（BPI）显示，比特币价格已经突破 1200 美元大关，刷新了在三年前 2013 年 11 月份创下的 1165.89 美元的纪录。此外，比特币价格如今保持在 1000 美元之上的时间也创下了历史最长纪录。

近期，推动比特币价格上涨的因素有很多，其中最值得注意的因素就是，交易者对美国证监会（SEC）批准首个比特币 ETF 的前景持乐观态度。这个比特币 ETF 的最终批准截止日期为 2017 年 3 月 11 日，在此之前已经被多次推迟。很多研究机构预测表示，如果比特币 ETF 获得 SEC 的批准，那么比特币价格将会大幅上涨。

对于比特币微观层面的投资投机操作与行情分析预测，笔者因研究不深没有发言权。笔者将着重谈谈影响比特币发展的宏观趋势因素。

如今，比特币的宏观背景发生了巨大变化或者说是根本性变化，最主要表现在两大方面。首先，比特币已经有了行业发展前景和强大新技术支撑的社会市场共识。这就是在中国被称为互联网金融，在欧美被称为金融科技的新金融业态的蓬勃发展，它已经成为革传统金融命的金融业发展的大趋势。

在金融科技中,数字货币已经强势进入从业者视野,摩根大通、高盛以及花旗集团都在斥巨资介入开发。作为互联网、大数据、云计算等新经济支撑的交易新媒介,正被国内外各大投资机构看好。数字货币成为未来发展趋势,替代传统主权货币可能只是时间问题。

数字货币的基础要依赖于区块链技术,而比特币就是以区块链技术为支撑的。这就可以下这样一个结论:比特币是数字货币的"祖师爷",这就是比特币拥有巨大生命力的根本原因。

在技术创新发展上如此,而在现实中,2008 年次贷危机的爆发导致全球经济衰退,随后美联储开动印钞机大搞量化宽松,加上欧债危机愈演愈烈,这是比特币在全球范围内受追捧的另一个原因。

目前,比特币在全球范围内的接受程度正在提高。美国商品期货交易委员会(CFTC)鉴定比特币为大宗商品,现在美国有 20 个以上的州都给比特币交易平台颁发了牌照,这意味着其承认了比特币的商品和金融结算的合法性,也承认了交易平台的合法性。日本提出颁布比特币的运营规范。2016 年 3 月,欧盟成员国卢森堡给比特币交易平台发放了交易许可证。

因此,从宏微观环境层面看,数字货币将得以大发展,也是未来货币结算手段的趋势,无人能够阻止。比特币炒作卷土重来确实有投机炒作的因素,更重要的是要看到这是由宏微观大势的深层次原因决定的。

● 国际四大银行联手开发区块链数字货币

数字货币不只被民众和投资者追捧,有远见的国际投资机构也早早盯上了这块"大肥肉"。2016 年 8 月,瑞士联合银行集团、德意志银行、西班牙国际银行(又名桑坦德银行)和美国纽约银行梅隆公司已经联手开发新的电子货币,希望未来能够通过区块链技术来清算交易,并成为全球银行业通用的标准。据说,四家银行还将与英国券商 ICAP 携手共同向各国央行推销该方案,并计划在 2018 年年初进行首次商业应用。

这被称作区块链与电子货币的里程碑,该方案是迄今为止银行在这方面达成的最具体最具有现实意义的一次合作。此前我们多次强调过,如果区块链技术支撑的数字货币能够迅速发展,那么,对全球金融格局与主权货币政策将是革命性与颠覆性的,要说数字货币革了全球各国央行的命,也一点都不夸张。

作为数字货币技术核心的区块链技术,一个重要特性就是"去中心化"。区块链是一系列算法的集合,通过算法可以"绕过"目前银行采用的中央账簿(central ledger)的记账方式,直接通过计算机网络对交易进行电子化认证,被认证的对象是加密货币(cryptocurrencies),比特币就是其中的一种。

去中心化主要表现在,区块链中每个节点和"矿工"都必须遵循同一记账交易规则,而这个规则是基于密码算法而不是信用,同时每笔交易需要网络内其他用户的批准,所以不需要一套第三方中介机构或信任机构背书。

一旦基于区块链技术的数字货币替代主权货币,那么,通货膨胀将会消失,超发货币造成的严重投机炒作将不复存在,流通中货币量多与少也不需要央行调节,主权国家央行的货币政策可能将退出历史舞台。因此,掌管货币政策的央行主要职能将消失,央行存在的意义也就不大了。

数字货币挑战的不仅是全球央行的权威,还有美元独霸国际货币的地位。同时,国际货币基金组织(IMF)的权威性或将被削弱。

当然,主权国家的央行也不是无动于衷,而是开始观察这一新货币的发展趋势。美国、英国、加拿大和中国央行都已在着手研究电子货币的潜在利弊。中国央行2016年年初专门召开了数字货币研讨会,央行行长周小川亲临会议并讲话。

全球央行都在斥巨资研究数字货币,这背后有短期目的和长远利益两方面的目的。从眼前看,是为了提高交易结算效率,节约货币结算时间成本,更快捷方便地服务客户,支持全球贸易发展。有报告显示,全球金融行业每年为交易清算付出的成本在650亿到800亿美元。数字货币试图利用新技术改造其后台的清算系统,以此释放银行为支持全球贸易在清算过程中被占用的数百亿美元的资本。

从长远看,数字货币市场投资竞争这么激烈,各国央行的长远目的在于控制数字货币市场的话语权。比如,前述四大行联合开发数字货币,就是希望未来能够通过区块链技术来清算交易,并成为全球银行业通用的标准。

这就是在四大行联手的同时,其他国际银行也不甘示弱,倾巨资开发区块链技术的原因。比如,国际四大会计师事务所之一的德勤在伦敦投资的区块链初创公司Setl也计划通过与央行直连的电子货币来清算金融市场上的所有交易,花旗银行已成立类似的"花旗币"项目,高盛已为其新的虚拟货币"SETLcoin"技术申请专利——该技术可以对交易进行无缝瞬间清算,摩根大通也在进行类似的开发。

● 比特币成为结算手段

比特币目前只是作为虚拟货币或称为数字货币,其要真正大有作为则必须成为结算手段、交易媒介。而目前,在中国比特币仅仅是投资特别是投机工具。如果作为一种货币脱离不了自身被投机投资的金融属性，那么就很难成为真正的货币。

当然，比特币之所以被投机投资，主要是因为其被罩上一层神秘色彩，而且设计者放出比特币总量是有限的话语，给投机炒作者预留了想象空间。同时，比特币以区块链技术为基础，或是新经济、新金融去中心化的标志与先锋，或是今后全球金融业发展的方向，对传统金融带来的颠覆性具有不可想象的威力。然而，在欧美日等发达经济体内，有比特币用于支付的情形。

最早可以使用比特币交易结算的是加拿大。2013 年 10 月 31 日，世界上第一台公开使用的比特币 ATM 机在加拿大温哥华投入使用，其经营者是温哥华的 Bitcoiniacs 和美国内华达州的 Robocoin。在一家温哥华的咖啡馆里，通过这台机器可以双向兑换比特币和加拿大元。这台 ATM 机在投入使用后，迅速吸引了数十人使用，他们对于其如何工作很好奇。用户使用前需要扫描他们的手掌信息，每天的兑换额度最高为 3000 美元。

2014 年 10 月 5 日，据位于伯利兹（Belize）的加密货币交易所 247Exchange.com 公告，其已获得与"银行转账系统（sofort banking）"的合作协议，这项协议将让遍布欧洲大陆与 sofort banking 支付系统相连接的超过 400 家银行的 2.2 万家分支机构，为比特币购买者提供快捷购买通道。如果你有这几百家银行中的一个账户，你就可以更快速方便地购买比特币以及其他加密货币了。这份协议覆盖了 12 个欧洲国家（德国、奥地利、瑞士、英国、荷兰、比利时、法国、意大利、西班牙、波兰，其补遗名单还包括斯洛文尼亚和匈牙利的银行）。

欧洲的银行家们正与直接接受比特币的主要零售商们站在同一阵线。比如，根据印尼比特币交易平台 Bitcoin. co. id 以及支付处理商 iPaymu 之间的一个协议，在支付网络落后的印度尼西亚，其 2.38 亿居民现在可在超过 1

万家"Indomaret"便利店使用比特币。这些协议都使世界范围内的更多人更方便地接触和使用比特币。

更具有意义的是,对于比特币进行明确定位一直是业内翘首以盼的。继2015年9月美国监管机构CFTC正式把比特币等虚拟货币定义为大宗商品之后,10月23日,欧洲法院正式裁决,收取一定费用来将欧元或瑞典克朗等传统货币转换为比特币的比特币交易所可免缴增值税。这项裁决被视为比特币在欧洲地区的货币地位的确认。根据欧盟的相关规定,"被用作法定货币的货币、银行票据和硬币"无须缴纳增值税。

进入2017年后,比特币迎来结算交易手段的实质性进展。在美国,区块链技术在石油交易上开始使用了。2017年3月下旬,托克(Trafigura)商贸公司和法国外贸(Natixis)银行正在寻找更廉价的方式简化贸易流程,它们共同测试区块链在美国石油市场贸易上的应用,这表明数字技术可能改变原油交易。从2016年11月以来,Trafigura和Natixis一直在利用得克萨斯州的原油贸易渠道模拟区块链运行,该技术可以省去石油贸易中诸如通过电子邮件或传真发合同、信用证以及检查等烦琐的文书工作。

比特币用于石油交易的话音未落,又传来了越来越多日本实体店将其作为一种结算手段使用的信息,这将促进这种数字货币在日本的普及。截至2017年3月底,日本国内支持比特币结算的店铺约有4500家。据《日本经济新闻》2017年4月5日报道,大型电器零售连锁bic camera和日本最大比特币交易所bitFlyer合作,从2017年4月7日起在bic camera位于东京的有乐町旗舰店以及bicqlo bic camera(bic camera和优衣库共同运营的商业设施,简称bicqlo)新宿东口店试运行比特币结算系统,结算上限暂定为相当于10万日元(1美元约合110.6日元)的额度,与现金支付享受同样比例的购物折扣。Recruit 集团旗下公司 Recruit-lifestyle 的目标则是到 2017 年夏天,旗下 26 万家店铺能使用比特币结算。具体操作是,消费者结算时,向店铺的收银软件输入日元金额,消费金额就会被换算成比特币并显示一个二维码,消费者用手机扫码后,消费额就会从其比特币账户扣除,与店铺合作的比特币交易所再把比特币兑换成日元汇到店铺账上。

从 2017 年 7 月起,在日本购买虚拟货币时不再缴纳消费税,这一点与欧洲免缴增值税不谋而合,证明比特币作为一种补充结算手段被越来越多的国家确认。

日本从 2017 年 4 月 1 日开始实施新修订的《资金结算法》,引进登记制度对从事比特币等虚拟货币交易的交易所进行管理,虚拟货币安全方面的相关制度建设不断推进。同时,也真正确立了比特币的货币属性。

当然,比特币真正成为全球结算手段还必须克服许多障碍,最大的障碍是比特币价格波动剧烈,许多人持有比特币的目的是进行投机,所以难以作为结算手段推广。

● SEC 重审比特币 ETF 上市请求

2017 年 3 月 11 日,美国证监会(SEC)否决了 Winklevoss 双胞胎兄弟的比特币 ETF(交易型开放式指数基金)的上市申请。随后,比特币交易价格大跌。此后 Winklevoss 双胞胎兄弟再次发起申请,或许是感动了美国证监会,其宣布将在 5 月 15 日前(已延期)做出决定。也就是说,双胞胎兄弟还有一次机会。这让以数字货币—比特币为主的市场再次看到希望。

消息披露后,比特币在 2017 年 4 月 27 日冲上了 1300 美元,逼近 3 月 11 日

的纪录高位。同为加密货币的以太币 4 月 26 日亦创下历史新高。CoinGecko
报价显示,以太币 4 月 26 日最高触及 55.82 美元,现在为 54.35 美元。2016 年
7 月,以太币 ETF 的纽交所上市申请也已被提交,而此次 SEC 重审比特币
ETF 的消息同样提升了以太币 ETF 过审的预期,使其突破了 50 美元的阻力
位。目前,以太币尚未进入中国市场。

在 2017 年 3 月,SEC 没有批准 Winklevoss Bitcoin Trust 改在 Bats BZX 交易
所上市的规则调整申请。这意味着首个以比特币为标的的 ETF 能否成功上市充
满悬念。原因在于 SEC 对操纵价格和监管方面的担忧。

中国是全球最大的比特币交易市场,市场被操纵的可能性不是没有。同
时,由于比特币是加密数字货币,如何监管包括 SEC 在内都是丈二和尚摸不
着头脑。仓促批准这样的加密货币基金上市交易,SEC 心中是无底的。

不过,在 2017 年 3 月 SEC 拒绝后就有科技金融专家预言,最终 SEC 会
批准比特币 ETF 上市交易的。一是由于 SEC 不希望给外界留下不支持虚拟
货币发展的印象;二是因为比特币价格最终是由市场供求决定,而比特币
ETF 将增加定价的透明度和准确性。市场预计,一旦比特币 ETF 宣告上市,
将吸引至少 3 亿美元的资金驻入,因为 ETF 将扩大普通投资者对比特币的兴
趣,而又不必去买卖真实的比特币。这就是美国证监会与其他国家的不同。
美国"宽进严出"的上市制度,决定了监管是在进入后的事中和事后进行,而
不是把住大门不让进入。

从"SEC 不希望给外界留下不支持虚拟货币发展的印象"这一预言可以
窥视出,加密数字货币已经成为科技金融的重要分支,也说明在区块链技术
的去中心化大势下,越来越多的企业、市场、投资者以及政府监管司法部门开
始认清数字货币的广阔发展前景。

更为重要的是，区块链科技公司 SolidX 也于 2016 年 7 月向 SEC 递交申请，希望在纽交所 NYSE 发行比特币 ETF，交易代码 XBTC，美国纽约银行梅隆公司（The Bank of New York Mellon Corporation）为现金资产托管方，但 SEC 也在 2017 年 3 月份一并拒绝。2016 年 7 月，以太币 ETF 的纽交所上市申请也已被提交，目前也没有消息。一旦通过审查这将是科技金融界的一件大事情。

如果美国证监会通过比特币 ETF 基金上市，也就等于全球第一大经济体承认了加密货币的地位，或促进全球科技金融发展迈上一个新台阶。

● 比特币价格创历史新高喜忧参半

2017 年 5 月 2 日是一个非常值得纪念的日子，因为这一天全球金融市场以"创新高"为主旋律。这一天，全球股市市值再次超过 50 万亿美元，创历史新高；这一天，纳斯达克指数突破 6100 点，创历史新高；这一天，MSCI（摩根士丹利资本国际公司）全球指数攀升到 1882.49 点，创历史最高点。这一天最受金融市场关注的数字货币——比特币价格上涨至 1477.10 美元，接近 1500 美元，超过黄金价格，创出历史新高。

比特币作为最早的数字货币多年来价格起起伏伏，但总体呈现上升趋势。比特币从不为社会所知，到进入全球视野，其道路可谓荆棘密布、坎坷艰辛。其原因主要在于传统主权国家货币势力太大，突然冒出个想挑战主权货币地位的"野孩子"，自然而然会受到既得权力的极力打压。反映在比特币市场价格走势上就是，各个国家管制打压厉害了，比特币价格就会下跌甚至暴跌。反之，如果各个国家特别是央行管制宽松了，比特币价格就会上涨。这次比特币价格创出接近 1500 美元的历史新高,原因同样如此。

比特币本轮涨势主要受各国监管驱动,包括美国证监会 SEC 重审 Winklevoss 兄弟比特币 ETF 申请,日本也从 4 月 1 日起正式承认了比特币的合法支付地位。

对此分析师认为,只要各国金融监管部门不过度打压比特币,只要全球市场特别是商品交易承认比特币货币交易媒介手段的国家越来越多,比特币有 50％ 的概率在 2017 年年内冲上 2000 美元。不过,笔者对于比特币价格持续上涨,创出新高,心情非常复杂,可以用喜忧参半来形容。

必须深刻认识到,比特币等数字货币的根本出路在于真正具备货币属性,即价值尺度、流通手段、贮藏手段、支付手段、世界货币。也就是说根本出路在于成为名副其实的货币,或者说是跨国界的国际货币。而现在的比特币远远没有实现这个目标,却成为投机炒作的对象与金融投机产品。

当然,如此投机炒作比特币从正面分析,说明比特币被市场看好,其前景广阔,投资潜力大。但是,如果只顾投机炒作,而忘了比特币诞生的“初心”,那么比特币很快就会穷途末路。这时比特币的价格泡沫就会被刺破,风险就会出现,而更大的损失是其失去了真正货币的地位与归途。

比特币不是没有危机。比特币的技术基础区块链技术已经被许多科技公司、金融公司注意到,这些公司都在斥巨资开发与挖掘。一旦技术成熟就将诞生无数种数字货币,或在一个行业领域比如全球石油交易市场诞生一种数字货币。因为这种去中心化、分布式区块链技术可以应用到任何领域。

将来或可能出现这样一些场景,所有行业都有自己的数字货币,比特币将失去现有市场优势或被架空,最终失去所有价值。比特币应该有这个危机感。

换一种思路,如果目前不是在市场过度炒作比特币价格,而是成立一个全球性比特币协会,致力于在全球范围推广比特币,使其投入经济金融交易并作为一种货币使用,让比特币作为交易货币迅速占领全球市场,那么新出现的数字货币或很难再挤进市场了,同时也可能会很快颠覆诸如美元的国际货币地位。

可以断言,如果比特币这样被疯狂投机炒作下去,其会感到来自各个方面的压力。各国金融监管部门肯定会开始新一轮"围剿",比特币价格将会再次波动。

如果比特币价格被疯炒,那么在利益驱动下,各个科技公司将会加快区块链技术研究,纷纷推出各自的数字货币,与比特币展开殊死竞争。比特币目前相对独霸数字货币市场份额的状况将一去不复返。

比特币价格被疯狂炒作,大幅度波动,必将阻碍其成为真正的货币。交易商品不敢使用价格波动如此之大的交易媒介,企业与个人也不敢长期持有价格起伏不定的比特币。这对比特币将产生致命性影响。

因此,疯狂投机炒作,或将把比特币送上不归路!

第二节　数字货币的魅力

上海大数据产业联盟金融行业专家鲍忠铁在《数字货币的利与弊》一文中将数字货币的优势概括为六点:有利于降低纸币管理成本,有利于货币监管,有利于加快金融市场信息传导和提高跨境支付效率及经济数据统计效率,有利于反洗钱监测,有利于交易信息完整透明,有利于促进货币向医疗、教育、公共福利等领域流动。

鲍先生主要是站在政府监管部门和经济管理部门的角度,从降低监管成本、提高宏观调控效率、打击违法犯罪、财政专款专用等方面来分析数字货币相比传统货币体系的优势,其围绕的核心都指向数字货币的基本特性——信息高度透明,数据不易篡改,每一笔钱的来龙去脉都有记录、可追溯。

数字货币的本质,就是让世界的一切交易都快捷化、透明化。未来的扶贫捐款会越来越迅速、精准,未来的腐败将越来越难以遁形,未来的小偷也越来越难当,除非是向黑客转型——但是已经具备了极高的门槛……

笔者认为,未来社会的财富也会被打乱重组,未来的信息量和货物流将会使传统利益团体彻底分化,整个世界在去中心化,各类组织都走向扁平化。

接下来,笔者将从数字货币的本质、数字货币的颠覆性等维度进一步阐释数字货币的魅力。

● 让每一笔钱都可追溯

数字货币具有网络数据包的主要特征。这类数据包由数据码和标识码组成,数据码就是我们需要传送的内容,而标识码则指明了该数据包从哪里来,要到哪里去等属性。

通俗来讲,数字货币在技术上记录了货币整个生命周期的关键信息,包含数字货币产生的原因、支付理由、支付发起人和受益人、过去支付的历史信息等。从这些数据中可以了解货币流向和环节,以及涉及的人、商品、服务、企业、金额等信息,这些信息可以解释真实的货币用途和走向。

我们都知道，纸币在流通和储存过程中是不记名的，你手上的现金和银行里的存款一样，单独看某张纸币，基本不可能知道它中间都经过了什么环节。但是数字货币在发行、流通、储存等各个环节中都必须完全透明、完全可查。在大数据下，央行也没有必要再通过那么多级商业银行来完成对个人和企业的授信了，这代表什么呢？生动点来说就是：作为唯一的货币借出方，我（央行）知道你的还款能力究竟怎么样，也清楚该借给你多少钱，你自己掂量好怎么花吧。而且，你从哪儿挣的钱，是坑蒙拐骗还是正当获取，我都一目了然。

数字货币的"留痕"和"可追踪性"不仅有利于预防和监测洗钱、偷税漏税、贪污受贿、资金挪用等犯罪行为，还能够提升经济交易活动的便利度和透明度，有助于监管部门及时、高效地监管经济贸易活动，从而有的放矢地制定货币政策，调节资源配置，达到货币监管和宏观调控的目的。

● 让"通货膨胀"走进历史教科书

目前，有部分舆论认为，随着数字货币时代的到来，纸币逐渐消失，或将引发通货膨胀。说这话的人，根本就不懂什么是数字货币。

数字货币简称为 DIGICCY，是英文的"Digital Currency"（数字货币）的缩写。2015 年流行的数字货币有比特币、比特股等。目前全世界发行有数千种数字货币。数字货币具有去中心化、多点链接、信息共享可挖掘分析等特点。

以区块链技术为基础的数字货币正在全球扩散，正在受到全球投资者青睐。国际大金融集团纷纷斥巨资投资数字货币，目的在于掌握未来货币控制权。谁拥有货币控制权谁就会拥有巨大经济权，就会在世界经济金融中占尽先机。英镑成为国际货币时,英国是世界上最强大的国家,那时英国国际贸易占全球80%以上。二战后,美元成为国际货币,美国从中获得与攫取的巨大利益就不必说了。

然而,这种主权货币在促进经济发展的同时,也由于超发货币,造成通胀,无形中剥夺了全球民众的财富。以美元为例,民众早已厌倦了美联储乱发货币、隐性夺取全球各国财富的现象。这就是比特币一出现就引起社会反响与认可的原因之一。

基于区块链技术的数字货币从发行到流通都是可记录、可追溯的,数量是一定的,不需要人为意志来调节,网络技术会自动完美匹配。因而,数字货币不仅不会引发通货膨胀,还会将"通货膨胀"这个名词送进历史教科书。

事实上,引起通胀最大的根源还是传统纸币。我国现行货币统计制度将货币供应量划分为三个层次:

1. 流通中的现金(M0),是指银行体系以外各个单位的库存现金和居民的手持现金之和。

2. 狭义货币供应量(M1),是指M0加上企业、机关、团体、部队、学校等单位在银行的活期存款。

3. 广义货币供应量(M2),是指M1加上企业、机关、团体、部队、学校等单位在银行的定期存款和城乡居民个人在银行的各项储蓄存款以及证券客户保证金。M2与M1的差额,即单位的定期存款和个人的储蓄存款之和,通常被称作准货币。

其中,M1是极容易变成流通中的货币的,如有人想制造一元假的金属货币,用同样的材料制造,除去设备外,你亏损多少,实际通货膨胀率就是多少。如此说来,吓人的不是数字货币,而是纸币。

通货膨胀的原因被概括为以下三种情况：

第一，需求拉动。需求拉动型通货膨胀又称超额需求通货膨胀，是指总需求超过总供给所引起的一般价格水平的持续显著上升。这种类型的通货膨胀又被形象地描述为"过多的货币追逐过少的商品"。

第二，成本推动。成本推动型通货膨胀又称供给通货膨胀，是指在没有超额需求的情况下，由于供给方面成本的提高所引起的一般价格水平持续和显著的上升。

第三，结构性因素。结构性通货膨胀是指在没有需求拉动和成本推动的情况下，只是由于经济结构因素的变动造成一般价格水平的持续上涨。社会各部门劳动生产率水平和提高速度不同，发展趋势不同，与世界经济联系程度不同，但由于一方面现代社会经济结构不容易使生产要素从落后部门、衰落部门、封闭部门向先进部门、兴起部门、开放部门转移，另一方面，落后部门、衰落部门、封闭部门却又要求在工资、价格等方面向先进部门、兴起部门和开放部门看齐，所以结果就会导致一般价格水平上涨。

第三节　中国央行数字货币呼之欲出

支付领域的去现金缘于货币电子化，作为货币电子化的承继者，数字货币被视为现金（纸币）支付可能的终结者。

在数字货币的研发上，中国走在了世界前列。

据媒体报道,央行旗下的数字货币研究所已于 2017 年 5 月低调挂牌。实际上,央行早在 2014 年就成立了专门的数字货币研究团队。

2017 年春节前夕,央行已经通过数字票据交易平台进行了数字货币测试,工商银行、中国银行、深圳前海微众银行等 5 家金融机构参与测试。

不过,上述数字货币测试更多是做技术储备和知识积累,与真正发行数字货币还不是一个概念。业内专家指出,数字货币作为法定货币能否推出取决于多个因素,如对整个经济冲击是否最小、技术是否过硬、国家是否有决心、民众是否愿意接受等。

除了中国央行,新加坡央行也在测试区块链支持的数字货币。此外,英国、加拿大、荷兰、澳大利亚等国家也宣布启动数字货币的研发。

"从历史发展的趋势来看,货币从来都是伴随着技术进步、经济活动发展而演化的,从早期的实物货币、商品货币到后来的信用货币,都是适应人类商业社会发展的自然选择。作为上一代的货币,纸币的技术含量低,从安全、成本等角度看,被新技术、新产品取代是大势所趋。"中国央行行长周小川曾表示。

其实,数字货币是一个大概念,是电子货币形式的替代货币,数字金币和密码货币都属于数字货币。密码货币指不依托任何实物,使用密码算法的数字货币,比如比特币、莱特币、比特股等,是一种依靠密码技术和校验技术来创建、分发和维持的数字货币。密码货币的特点在于其运用了点对点技术,且每个人都有发行权。密码货币分为开放式采矿型密码数字货币(以比特币为代表)和发行式密码数字货币。目前大多数机构包括中国央行主要研究的是密码数字货币。

● 央行为何发行数字货币？

央行数字货币已进入试运行阶段。这意味着，中国央行有望成为全球首个发行数字货币并开展实际应用的央行。这一消息引起包括笔者在内的业界人士瞩目。中国数字货币平台中众多比特币网站疯狂炒作数字货币的做法，早就进入中国央行的视野，央行对其监管就没有停止过。在这个监管过程中，央行从中了解与学习了比特币的机理知识，收获多多，对其未来的颠覆性十分重视。

笔者常说，数字货币的诞生极有可能革了央行的命。因为以区块链技术为基础的数字货币，使得每一个人都是货币的发行者。在这种危机意识下，中国央行提前出手，目的就是掌控数字货币的发行权，维护央行控制货币发行的本质职能。

就央行为何要发行数字货币，央行参事盛松成一语道破天机：私人数字货币将削弱货币政策有效性，威胁金融稳定，倒逼货币当局开始研究发行央行数字货币。央行发行数字货币，可保留货币主权的控制力，更好地服务于货币政策，而不仅仅是为了取代纸币现金流通。

"相比虚拟货币比特币，央行等相关机构正在研究的基于区块链技术的数字货币，将是有国家主权背书、有发行责任主体的货币。"中国银行前行长、中国互联网金融协会区块链工作组组长李礼辉在接受媒体采访时表示。

央行行长周小川亦曾表示，数字货币作为法定货币必须由央行来发行。数字货币的发行、流通和交易，都应当遵循传统货币与数字货币一体化的思路，实施同样原则的管理。

中国央行与其他国家央行考虑的重点显然不同。在北欧的瑞典,央行考虑的是技术、法律和安全问题,瑞典央行期望在两年内做出是否发行"电子克朗"(ekrona)的决定。目的在于禁止流通实物现金,成为第一个完全使用"数字现金"的社会。当然,这是由瑞典的国情决定的。瑞典已经是一个基本脱离现金的国家,现金流通额与国内生产总值(GDP)之比已经从 1950 年的近 10％降至 1.5％左右。当地的银行分支机构不断减少现金处理业务,自动取款机也相当稀少,一些商店已经完全停止接受现金支付。

● 欧洲正加速"消灭"纸币

大型互联网企业、金融机构及智能科技企业,目前都在投入巨资研究区块链技术和数字货币。这些机构和企业研究数字货币的目的在于,在金融科技愈演愈烈的争夺局势中占领一席之地,掌控数字货币大权。美元的国际储备货币地位让美国在全球经济金融中占尽先机,一个企业如果能够掌控数字货币大权,等将来数字货币逐渐代替纸币现金流通之后,同样将获得巨大利益。

目前,在互联网、移动互联网、智能化、大数据、云计算、物联网等现代科技发展基础上,几乎所有经济金融活动都被搬到了互联网上,尤其是移动互联网上。互联网让世界变成了地球村,移动互联网让世界变成了"手掌心"。未来,数字货币将是手掌心交易不可或缺的价值交换工具,掌控数字货币大权的重要性可想而知。

除了科技进步和商业推动,各国政府为打击违法犯罪而消灭纸币现金流通的迫切需求也为货币数字化、数字货币普及提供了契机。

在《世界纸币标准目录》里，列举了世界各国的大额纸币，包括 1000 加元（约合 801 美元）、1 万新加坡元（约合 7402 美元）、1000 瑞士法郎（约合 1026 美元）和 500 欧元（约合 590 美元）等。

而现在这些钞票都在被废除：2000 年 5 月，加拿大废止了 1000 加元面值货币；2010 年，英国不允许外汇兑换机构再出售面值 500 欧元的钞票；2014 年 7 月，新加坡中央银行宣布，今后将不再印发面额 1 万新加坡元的钞票；2016 年 5 月，欧洲央行已经决定停发 500 欧元大钞，原因是犯罪分子过于喜欢它。

全球废除大额纸币的本质，其实就是对资产进行大查洗。因为纸币化交易藏匿了太多"肮脏"的东西（贪污腐败、犯罪等），整个世界的灰色产业链，可以说基本上都以大额纸币为载体。

消灭纸币现金交易，最早、最积极的是北欧的丹麦与瑞典等国家。在北欧的瑞典，央行正在考虑技术、法律、实施、安全等问题，期望在两年内做出是否发行"电子克朗"的决定，目的在于让实物现金完全退出流通，让瑞典成为第一个完全使用"数字现金"的国家。实际上，瑞典已经是一个基本脱离现金的国家，瑞典现金流通额与国内生产总值（GDP）之比已经从 1950 年的近 10％降至 1.5％左右，当地的银行分支不断减少现金处理业务，自动取款机也相当稀少，一些商店已经完全停止接受现金支付。

政府用数字货币消灭纸币现金交易的目的在于，铲除大额现金交易，以免为犯罪提供滋生土壤。比如一笔 100 美元的交易，背后可能隐藏着敲诈勒索、洗钱、毒品和人口贩运、公职人员腐败，甚至恐怖主义等各种违法犯罪活动。纸币的绝对匿名性、便携性、流动性等特点，与加密货币、裸钻、金币、预付卡等是无法比较的。

于是，印度、欧盟等很多国家和地区停止发放新的高面额纸币，并加速消灭纸币。在单边行动方面,迄今为止最重要的行动者是欧盟。欧洲政策制定者,特别是欧盟委员会,以及欧洲央行行长德拉吉,都对无纸币化世界表示出兴趣。在 2017 年的现金限制评估动议中,欧盟指出,限制现金使用的目的是遏制跨境洗钱,打击恐怖活动融资。欧盟目前已经加强了边境检查,以打击现金等硬资产的流动。美国前财政部长萨默斯(Larry Summers)2016 年撰文称,欧盟将成为西方世界迈入数字货币纪元的"拓荒者"。

如今,欧盟已经停发新的 500 欧元纸币,要知道,500 欧元几乎是 100 美元的 6 倍价值。前 IMF(国际货币基金组织)首席经济学家 Kenneth Rogoff 2016 年发布一篇研究报告称,美国也应该废除 100 美元纸币,全世界应该共同设定"无纸币"目标路线图。

中国企业以及政府应该从欧洲加速消灭纸币中得到启示。数字货币的商用需求自不必说,推广数字货币、消灭纸币对遏制腐败高发与蔓延具有重要作用。

● 政府是无现金社会最大受益者

现在,现金社会已经发展到了顶点。随着电子货币、数字货币的汹涌而来,现金流通逐渐被替代,其中包括纸币流通与金属硬币流通。每一个民众特别是北欧与中国等电子化货币、数字货币、互联网金融、金融科技较发达的国家与地区的百姓都会明显感到口袋里的现金越来越少,作用越来越小,使用频率越来越低了。最典型的例子是卖菜大妈的菜摊上都放着微信与支付宝的二维码,更夸张的例子是深圳天桥上的乞丐身边都放着两张二维码,施善者可通过扫描二维码付款给乞丐。在互联网金融支付手段高度发达的中国,现金支付方式将会很快退出历史舞台。

一个开放、开明、睿智的政府,最应该欢迎和拥抱无现金社会。因为,无现金社会将会使得政府在打击假币犯罪、地下钱庄、逃税漏税、贪污腐败交易等方面事半功倍。特别是对于腐败黑金寻租严重,反腐败、反洗钱任务重的国家,无现金社会为其提供了最大的查处空间。

代替现金流通交易的是电子货币、移动互联网支付手段、数字货币。电子货币是各个大型互联网公司发行的闭环交易手段,如中国腾讯公司的 Q 币等,还比如银行发行的银行卡等,这些电子货币是替代现金的最早手段。接着是以微信与支付宝钱包为主的支付方式,特别是移动支付方式,通过扫描二维码支付,比传统电子货币更加方便,客户体验更加好。这种方式迅速得以发展普及,不仅替代现金交易,而且就连传统银行的银行卡都已经快被边缘化了。

最突出的是数字货币,即以区块链为核心技术的货币。这种货币的去中心化、发行挖掘社会化以及可追踪、可追溯等优势,可能是金融科技的最大突破,会对传统货币发行以及货币政策带来巨大冲击。

目前全球各国、各地区无现金社会推进的情况如何呢？在向无现金社会发展的进程上,北欧国家走得最快,这背后的主要推动力是来自行业的协调行动以及政府的推动。在瑞典的 1600 家银行网点中,大约有 900 家不在网点保留现金,也不接受现金存款。其中很多网点,尤其是农村地区,甚至都不再拥有 ATM 机了。在这种背景下,去年瑞典现金交易仅占交易总额的 2％,占交易笔数的 20％(5 年前是 40％)。

丹麦则更加激进。丹麦向无现金社会的迈进纯粹是政策导向的结果,该国政府甚至对部分零售商免除接受现金支付的义务。丹麦也有一款流行的支付应用——MobilePay,全国约有一半人口在使用这款应用,2015 年交易笔数达到 9000 万。

　　整个欧元区也在向现金"宣战",不论是在流通环节还是交易环节。

　　欧洲央行当时给出的理由是,有越来越多的证据显示,大面值纸币会有助于犯罪活动,此举主要是为打击犯罪活动,而非遏制纸币的使用。

　　中国无现金社会的推进速度也非常快。一项最新调查显示,70% 的中国网民表示他们不再需要每天支付现金;在中国超过 7 亿的网民中,大约 60% 的人通过手机来进行支付,常常是通过两个最受欢迎的支付平台——腾讯微信和阿里巴巴的支付宝。一个重要指标是银行业务的离柜率,银行业协会的调查数据显示,2016 年银行业金融机构离柜交易达 1777.14 亿笔,同比增长 63.68%,离柜交易金额达到了 1522.54 万亿元,行业平均离柜率达到了 84.31%。其中,民生银行的离柜业务率已经达到了惊人的 99.27%。全年网上银行交易 849.92 亿笔,同比增长 98.06%,网上银行个人客户数量为 12.19 亿户,同比增长 13.32%,企业户数为 0.27 亿户,同比增长 31.71%。

　　数字电子货币与现金交易的最大区别是,前者可以在网络上留痕、留印,而这些留痕数据都可以"追根问底"。所有的电子货币交易行为都逃不过大数据挖掘分析的"法眼"。而后者的现金交易则往往无影无踪,很难追寻,给各种犯罪分子以可乘之机。

　　因此,笔者常说,政府将是无现金社会的最大受益者。在无现金社会里,政府在反洗钱、反贪腐、反假币、查处偷税漏税等方面的行政成本将会大大降低,有些部门或许都没有存在的必要了。

　　在无现金社会中,通过电子支付手段进行的交易具有更高的透明度,这带来的监管便利将令政府税收收入显著提高;各种洗钱犯罪追查查处是瞬间的、分分秒秒的；各种贪腐资金的线索路径变得非常容易搜寻与分析；假币犯罪或彻底不复存在，因为在无现金社会里谁拿大批现金交易谁就有犯罪的嫌疑。

显而易见的是，政府是现金使用量减少的最大受益者，因而他们将成为未来消灭现金的最主要力量。

从宏观调控政策效果分析，无现金社会将大大提高央行货币政策的效果。在无现金社会中，央行也能摆脱零利率下限的限制。如果你是央行人士，且已经采取零利率或者接近零利率的政策，现金就是一个很大的麻烦。为何？因为这限制了你降息的能力。储户如果觉得自己把钱存在银行还要交罚金，那么在某个时点他们可能就会把钱取出来放在床底下。

如果不再使用现金，零利率下限自然也就不复存在。如果你是决策者，就可以集中对经济进行规划。消费支出太低是吧？没问题！把利率降到 -20%，就可以迫使人们出去花钱，以免承受损失。

经济运行过热？依然没问题！把利率加到 20%，这样人们就又被迫在出去消费和赚取高额利息收入之间做选择。

如果没有现金，那么消费者就必须在这些选项之间做出抉择。

一个聪明的政府一定会大力发展金融科技，因为政府是金融科技下无现金社会的最大受益者！

金融科技倒逼
银行转型

如果银行不改变，我们就改变银行。

——马云

随着金融科技、区块链等新兴事物的诞生，新一代互联网大潮与传统银行业正不断结合与碰撞。由此，也倒逼传统银行金融服务转型升级。花旗银行亚太区财资与贸易金融部主管 Rajesh Mehta 曾指出，现在已经到了交易银行需要转型的时刻，但与其将新科技视为竞争对手，不如将其理解为合作伙伴。很多新鲜事物是可以为银行所用的，但前提是在追求科技进步和保障安全之间掌握平衡。

穆迪投资者服务公司 2016 年 7 月发布的《全球金融机构：金融科技将改变竞争格局，但不太可能取代银行的核心地位》报告称，虽然金融科技公司的崛起凸显了金融服务转向数字化的趋势，但银行在行业中还是会保留一席之地，一方面将继续与新加入者合作，另一方面也要与其竞争。报告认为，金融科技的重心一直在零售银行服务方面，其中主要包括贷款、融资，以及与支付相关的产品和服务。

零售银行业被普华永道会计师事务所（PwC）评为未来 5 年内最会被金融科技颠覆的领域。2015 年 10 月完成了 B 轮 1200 万美元融资的美国移动银行 MovenBank，就被福布斯、纽约时报等评为"未来的银行"。MovenBank 可为客户提供消费反馈，并自动记忆、分类，对所有消费记录形成可视化数据等。

不过，即使行业不断变化，银行也仍有许多竞争优势，包括庞大的客户群、深厚的客户关系、多样的贷款选择和应对监管机构的经验等，这些条件都是很多初创金融科技公司不具备的。

第一节　银行业"死亡笔记"

"这个行业不赚钱，而且大多数的模式都行不通。""只有有能力每年至少产生 150 亿美元盈利的大银行，才能在未来承受高额的运营成本，而能活下来的银行只有 3/5。"这是世界领先的全球管理咨询公司麦肯锡（McKinsey & Company）经过对全球各大银行的分析得出的报告，此报告被形象地誉为"银行业死亡笔记"。这份世界顶级全球咨询公司的研究切中了银行业的痛点，对全球各大银行包括中国商业银行业敲响了警钟。

接着，毕马威会计师事务所发布的一份报告更是"危言耸听"：到 2030 年，即 15 年内，银行将消失，全球百万银行员工面临失业。而 2016 年 10 月 24 日，据美国财经网站消息，银行业的数字化正悄悄拉开大幕，美国大银行大幅关闭网点，美国银行、花旗和摩根大通自 2015 年第三季度以来，已经关闭了

389 个网点。随着移动活跃用户的增多,更多交易可通过数字渠道完成,砖瓦砌成的网点已不再那么必要。而通过数字渠道办理业务的成本,也远远小于网点渠道。网点关闭的"衍生品"就是银行裁员,银行员工失业。

其实,早在 2015 年 12 月初,巴克莱(Barclays)银行前首席执行官安东尼·詹金斯(Antony Jenkins)就表示,全球银行业未来 10 年将裁减半数员工和分支机构。

何止国际机构! 中国银行业协会前常务副会长杨再平先生很早就预言:未来若干年中国 20 多万个银行物理性网点或将不复存在。

从全球范围内看,欧洲商业银行度日如年,利润负增长,衍生品风险暴露,资金来源枯竭,负利率使得欧洲银行业遭受重创;美国银行业在全球的状况稍稍好一些,但也无法掩盖其经营每况愈下的态势;日本银行业与欧洲银行是命运共同体,同样在艰难度日;新兴市场大国的中国银行业正面临着利润增速大幅度下滑,不良贷款大幅度增加,资金来源渠道越来越少,资产配置荒越来越严重,流动性风险越来越大的状况。一句话,全球银行业遭遇空前的寒冬,而这个寒冬似乎没有尽头,看不到春天来临的迹象。

原因何在? 只有搞清楚原因才能对症下药找出路。从全球宏观面看,至少在两个方面对传统银行非常不利。

首先,针对全球经济低迷,各个经济体特别是欧洲、日本、澳大利亚等发达经济体采取的负利率、零利率、超低利率政策将商业银行经营逼到了死角,其利润空间被大大压缩,吸收资金的价格竞争力被大大削弱。加之,欧元、英镑、日元汇率波动使得欧洲银行业衍生品风险凸显出来,经营陷入了空前的困境。

其次,全球对银行业金融业务的监管力度加大,标准提高,使其违规成本大幅度提高，处罚金额动辄百亿美元，其生存环境与空间越来越不宽松，银行业务被束缚。比如，德国最大的商业银行德意志银行 2016 年 9 月证实，美国司法部等监管机构正寻求让这家银行支付 140 亿美元赔偿金，以了却针对其 2008 年金融危机前违规金融活动的调查。

另外，巴塞尔银行监管委员会（Basel Committee on Banking Supervision）正着力完成金融危机后制定的巴塞尔协议Ⅲ的修订，这一协议包括了资本充足率、压力测试、市场流动性风险考量等方面的标准，以应对在 2008 年前后的次贷危机中显现出来的金融体系的监管不足。而修订中的协议强化了资本充足率的要求——这正是欧洲和日本银行业感到不满的一点。此前，在巴塞尔银行监管委员会举行的两场会议上，德国和意大利的监管层希望能放缓关于银行风险评估的政策变动。更有甚者，一些欧洲官员还表现出不愿接受已有的政策的监管。以上足以看出，监管给银行业带来的压力。

除了上述几点，对全球银行业冲击最大还是互联网金融以及欧美金融科技。这种冲击从业务种类看，几乎涵盖了银行所有主体业务，包括支付结算业务、信贷资产业务、存款等资金来源业务、理财等中间业务、投资银行业务等。特别是移动互联网金融的迅速发展，使得银行业束手无策，欧美日的银行业尤甚。中国银行业由于中国互联网金融兴起早，冲击来得早、来得快，其准备得也早，并且目前都在斥巨资涉足移动互联网金融业务，受互联网金融冲击相对较小。不过，在互联网金融的升级版——金融科技领域，中国银行业后知后觉。

在以上宏观环境与金融科技多重冲击下，传统银行业已经凸显衰退与日薄西山的景象，怎么办？出路何在？

目前，欧洲银行业、日本银行业以及亚洲一些银行普遍采取裁员的做法来应对困境。然而,这种做法不是治本之策,完全是舍本逐末之举。笔者认为,银行业走出泥潭的根本出路在于,主动参与互联网金融和金融科技革命浪潮。银行业务数据化、移动互联网化、智能化才是方向与出路,未来银行业一定是一个金融科技公司,就像原阿里巴巴蚂蚁金服旗下的互联网金融银行——浙江网商银行,成立之初只有 300 多人,其中 250 人都是科技人员。

麦肯锡报告显示,金融领域数字化驱动的裁员有望在 3 年内将利润/损失水平提高 20%～30%,而股本回报率(ROE)也有望上升 2%～3%,数字化可以扩大 4%～12% 的销售空间,增加交叉销售的潜力。

总之,银行业支付结算业务移动互联网化、信贷资金业务大数据化、投资理财顾问业务人工智能化、理财等中间业务网络化等互联网金融和金融科技是传统银行走出困境的"救命稻草",就看谁能紧紧抓住。谁能抓住,谁就可能从"银行死亡笔记"名单中消失。

● 新常态给银行提出多重挑战

2013 年 12 月 10 日,在中央经济工作会议上的讲话中,习近平总书记首次提出"新常态"。此后,习总书记在多次讲话中阐述了"新常态"的内涵。

经济新常态是对社会主义初级阶段理论的完善和升华,是今后相当长时期所有经济活动特别是决策应该首先思考的逻辑和依据。脱离新常态必将导致决策冒进或保守,贻误经济发展机遇,甚至导致决策失误。

经济发展进入新常态,给各个经济主体带来了新考验和新挑战。过去 30 多年,中国经济是在政府主导的大投资、货币信贷大投放、要素驱动、资源能源粗放式挖掘、环境成本巨大、超高经济增速情况下运行的。各经济主体已经习惯于长期在超高速下投资、生产和消费；进入新常态后，不仅不适应，而且受到不小冲击。其中，长期习惯于"旧常态"的银行业所受冲击就很大。

经济新常态带来的影响，首先是贷款风险增大，不良贷款开始快速暴露。大投资、货币大放水时期催生的一个经济现象是，整个经济体特别是企业高负债经营，一旦经济增速下降回归至常态，风险立马就暴露了。而这些负债中银行贷款占绝大比例。归根结底是银行贷款风险开始大幅度增加。目前，产能过剩行业（房地产行业、煤炭等资源能源行业、水泥等建材以及有色化工行业），已经出现全行业不景气局面，直接威胁的是银行贷款安全。经济进入新常态，不良贷款爆发对银行提出了巨大挑战。

利率市场化改革加速推进给银行业带来直接冲击。利率改革一个方向是缩小存贷款利差，这直接动了银行的"奶酪"。利率完全市场化后，根据发达国家和地区经验，刚开始利率走高是大概率事件。这必将增大银行资金来源成本，而在资金运用上因实体经济承受能力有限，贷款利率上浮空间并不大，对银行效益将造成较严重的挤压。

金融脱媒化给银行经营带来较大压力。由于中小企业长期存在融资难问题，倒逼民间金融迅速壮大，这已经对银行的资产业务形成强分流效应，银行贷款等资产业务正在萎缩。目前，中国银行业利润来源主要依靠存贷利差，然而存款减少、成本增高，贷款受到金融脱媒化影响又在萎缩，银行业的危机正在加剧。

互联网金融、金融科技击中传统银行的软肋。依托互联网新经济平台的互联网金融、金融科技企业，其高效、透明、公开的特性，其对金融交易对象信用状况通过大数据挖掘分析的及时准确把握，其平台上的海量客户和大数据基础，是传统银行无论如何都不具备或做不到的。如今，整个经济活动都在往互联网上转移,而服务于经济的金融机构特别是银行却仍在线下原地踏步,被互联网新金融冲击甚至抛弃是不奇怪的。

面对新常态对传统银行带来的上述四大冲击,银行业必须树立新常态思维,积极行动起来应对困难。国际金融危机时期中国货币增速高达40%,那时流动性泛滥,银行坐等客户上门而不缺存款来源。而现在货币增速降到12%,银行等客户上门就是"等死"。为了不被淘汰出局,银行必须在金融创新上下功夫,利用新金融工具吸引客户。比如,传统银行在互联网金融上一定要有实实在在的突破,要拿出硬措施发展互联网金融业务,要迅速将业务重点向线上转移。传统银行金融服务新趋势是要瞄准30%以上增速的互联网新经济客户,特别是移动互联网已经成为新的经济增长点,传统银行一定要重视发展移动互联网金融业务。经济往哪里走,向哪里转移,金融一定会如影随形。

在新常态下,对于利润增速,银行要有平常心。过去经济增速在10%以上,银行利润增速在30%以上。而现在经济增速下降到7%左右,银行利润增速降为10%左右。这是新常态的要求,银行应该正确理解和理性看待。按理说,银行利润增速不应该高于经济增速,因为如果银行从实体经济中拿到高于平均水平的利润,那么实体企业利润必然低于平均利润,最终会导致实体经济萎靡不振,这样不但银行利润没有持续性,而且可能导致坏账发生。

总之,面对新常态,银行业对内必须狠抓金融创新,狠抓经营结构转变,特别是狠抓互联网新金融;对外必须提高服务质量,创新服务手段。以客户为中心,尽量满足客户的实际需求,以此寻求新的利润增长点。

● 巴菲特减持富国银行股票的启示

作为富国银行的忠实粉丝，股神巴菲特居然开始减持这家公司的股票了。巴菲特是富国银行最大的股东之一，1989年起他就开始投资这家银行。

2017年4月12日，巴菲特旗下的伯克希尔-哈撒韦公告，在4月10日—12日共计减持7134447股富国银行的股票，并计划继续减持富国银行股票1865553股。未来60个交易日内，将会降低富国银行持股比例至10%以下。为什么突然开始减持了呢？

伯克希尔在公告中解释称，减持富国银行股份并非"出于投资或估值的考虑"，而是为了将持股比例降至10%的监管门槛之下。

根据美国监管法规，如果一家公司或是投资者对一家银行的持股超过10%，必须告知美联储和公众，监管机构将对相关投资进行审查。此举目的在于限制非金融企业与银行之间的联系。

在与美联储代表进行几个月的讨论过后，伯克希尔认为，如果持股比例高于10%，美联储的要求将极大地限制"我们与富国银行的商务活动"，因此，将所有权保持在10%以下将会"更简单"。

不过，笔者认为，巴菲特减持富国银行股份并不是为了达到监管红线以下那么简单，也不是在监管红线以下操作将会"更简单"，而是巴菲特投资战略的大转移、大调整。

巴菲特过去投资的可口可乐、富国银行等众多行业，从现在的角度看都是传统产业、即将落伍的行业、经营上衰退与不景气的产业。从投资回报率上看，处于并不算高甚至是销售下滑的状况。比如可口可乐公司的业绩在持续下滑,传统金融业的富国银行不仅丑闻不断而且经营也日薄西山。从这一点来看,巴菲特已经与投资风口失之交臂了,不但没有把握住风口,甚至可能已被风口甩出好几条街。

如果巴菲特不迅速调整其投资方向,仍然固守传统,那么巴菲特已有的成果很快会丧失。这一次金融科技革命与 21 世纪初的网络科技泡沫破灭已经不可同日而语。那次,巴菲特或许押对了宝,也使其坚定了不盲目投资网络科技股的决心。但从长期曲线看,经历过那次泡沫破灭但坚持活到现在的科技公司都已经赚得盆满钵满,引领潮流了。现在看,股神有失算成分。

当然,股神还是股神,虽然有一点点晚,但巴菲特已经开始增持科技股,并且开始投资智能珠宝。股神不沾科技股的思维开始转变了,2016 年以来大幅度增持苹果股票。

巴菲特减持传统企业股票,拥抱互联网、移动互联网、人工智能等科技股票标志着其投资开始转型了。减持富国银行股票不能说没有这方面的考量。2016 年 7 月,因富国银行的股票回购,伯克希尔公司对富国银行的持股达到 10％的门槛,其向美联储提交申请,希望获准保持当前持股水平,并可能出于投资目的继续增持富国银行股份。但不到一年时间,却食言了。只要富国银行在投资潮头与风口,监管红线是挡不住巴菲特的,关键是科技金融挡住了巴菲特投资传统银行的脚步。

我们不再拐弯抹角,而是直奔主题。世界大势所趋是去中心化,去中心化的交易是一种技术的变革,用户可以凭借授权码在此平台上交易,这样就会发生个体与个体之间的交易、P2P 贷款等行为。传统银行在去中心化科技金融转型中稍显滞后。

这一两年商业银行没有利好,只有利空;经营状况步履维艰,每况愈下。

这还仅仅是开始,点对点直接融资的金融科技将使得传统银行或被彻底边缘化。投资者有没有从不断传来的银行撤机构裁员的消息中悟到什么？或许巴菲特投资团队已经先下手为强了。

● 如何应对银行业利润增速放缓

截至 2017 年 3 月 6 日,15 家上市银行公布了一季度财报,两个核心指标引起社会关注。一是工农中建交五大行利润增速几乎为零,特别是中国银行归属于母公司所有者的利润为 1645.78 亿元,较上年下降 3.67%。二是截至 2017 年 4 月 6 日,已经披露一季度财报的 15 家上市银行的 2016 年利息净收入为 2.35 万亿元,同比减少 1400 亿元,降幅为 5.62%。五大行是净利息减少的"主力军",全部陷入负增长。

虽然从绝对额利润看,五大行仍然雄冠上市公司前列,但是利润增速下滑已经持续多年了。从 2008 年金融危机前后的每年利润增速动辄百分之二三十,到 2014 年降为个位数增长,又到现在的几乎接近于零增长,可以看出,五大行利润增速步步放缓。其原因何在？

这几年金融市场化改革加速使得大型银行垄断市场的局面已经被打破。一个最显著的特点是,以小贷公司、担保公司、村镇银行的兴办为标志,社会化、市场化金融机构与融资开始放开,特别是社会化融资快速增长,已经开始打破与挑战银行业独霸融资市场的局面。20 世纪初,银行业贷款业务占据融资市场 90% 左右的市场份额,现在只占 50% 左右。背后是银行业地盘被占领,蛋糕被分走。因此,利润下降、收入降低就是必然结果。

直接融资的大发展,使得间接融资的银行渠道大幅度萎缩。许多公司企业都通过股票市场、债券市场、股权市场、PE（私募股权基金）与VC（风险投资）来融资。直接从银行贷款的优质大型企业越来越少了，银行获利能力快速下降。

实际上真正动了商业银行业奶酪的是新金融，包括互联网金融、金融科技。从资金来源上，以余额宝为代表的互联网金融各种"宝宝"类产品较大幅度地截流了银行业的低成本资金来源，使得银行业不得不搞理财产品吸收资金，导致银行吸收资金成本大幅度提高，压缩了利润空间。

从资产业务来看，互联网金融的各种信用工具比如京东白条、蚂蚁花呗等满足了客户消费金融产品需求；P2P贷款、众筹融资、深圳前海微众银行、浙江网商银行等互联网金融资产业务，已经截流与蚕食了银行贷款等资产业务的拓展，大大降低了银行获利资产规模与获利能力。

对银行利润侵蚀截流最大的是中间业务收入。本来银行业转型的目标，是从以存贷款为利润主体转向以中间业务收入为主的增长机制。但是，互联网金融、金融科技的迅速发展，使得银行业本来就没有完成的转型遭受大劫。最明显的例子是结算支付业务，其本来是商业银行一个重要的中间业务收入来源，但是支付宝钱包、微信支付的崛起将这块蛋糕基本全部拿走。目前，有84.9％的中国网民使用过移动支付，其中，95％的网友只选两个工具——支付宝和微信支付。也就是说，传统银行在2016年的移动支付市场份额仅为5％。这个差距太大。在连乞丐都使用二维码收款的今天，商业银行在移动支付领域已经被甩出几条街了，利润岂能不下降？

面对互联网金融、金融科技的冲击，商业银行应该怎么办？首先必须转换观念，特别是转换吃老本、守旧、拒绝创新、抵制创新的思维，积极去拥抱创新，开拓创新，学习创新。

其次，当务之急是去拥抱互联网金融特别是金融科技。五大银行在互联网金融、移动互联网金融、金融科技上投入不少，下了很大功夫。但客观地说，与支付宝、微信支付相比较，差距仍然很大。四大行的网银笔者都使用过，前几天刚刚关闭了两大银行的网银。原因是客户体验极差，设计非常不人性化，每次转一笔钱都需要在电脑前折腾半个小时以上。而且常常遭遇所谓的系统升级，而每次升级都很难完成操作，动辄就被锁定，打客服电话也解决不了，必须到柜台办理。一怒之下，索性将两大银行的网银关闭了之。

目前，大型银行在移动支付等互联网金融、人工智能机器人等金融科技上投入不少，但基本是形象工程、面子工程，客户体验感较差。

一句话，银行业必须真心实意转型，真正转而拥抱移动互联网金融、金融科技。其实，现在开始转型都已经被动；如果再迟一步转型，那将彻底落伍或被边缘化，甚至被淘汰出局！

● 从"躺着赚钱"到"跑着赚钱"

号称"躺着赚钱"的中国商业银行的好日子也许一去不复返了。其实，不仅仅是一个躺着赚钱将不复存在的问题，而是银行已经遭遇到资产负债中间业务等各个方面的巨大挑战，正陷入前所未有的困境的问题。今后银行再不"跑着赚钱"恐怕要被淘汰了，因此还要跑快一点。

从宏观经济大势分析，过去商业银行赚得盆满钵满的基础是政府主导的大投资，大肆放水货币信贷。古代称银行就是"票子铺"，就是通过"玩转"货币信贷赚钱的。凭借这么大的货币信贷流量，银行躺着当然能够赚钱。而当前这种宏观环境消失了，政府主导的大投资和大肆放水货币政策一去不复返了。在长期宽松货币信贷环境下经营的商业银行，面对突然的转变，一时还很难适应。因此，各大商业银行陷入了深深的困境和困惑之中。

首先是对银行赖以生存的存款等负债业务的冲击。过去几年，金融内外环境铁板一块，社会资金都必须率先进入银行存款，再通过银行贷款来间接融资。而最近几年，社会融资风起云涌、发展迅速，已经占到整个融资规模的半壁江山。更加致命的是，各种社会融资的资金价格畸高对银行存款造成冲击，使得银行低成本资金来源的存款吸引力丧失殆尽。特别是互联网金融的兴起，各种"宝宝们"的基金收益率一度高达5％以上，高于央行规定的所有存款档次利率水平。没有资金来源，何谈资金运用，又何谈赚钱生存呢？

银行存款在腹背受敌的情况下逐渐失去吸引力，而后银行绕道开辟了理财产品。刚开始推出理财产品时银行过得优哉游哉，但好景不长，它又受到了"宝宝军团"的挑战。"宝宝类"产品基于互联网特别是移动互联网新经济平台而成立，其方便性、灵活性是传统银行根本无法比拟的。客户手拿一部手机就可以随时随地将资金转入账户，既享受高于存款利率的收益，又可以随时随地将资金用来购物消费，不但方便灵活，而且将理财购物融为一体，这是传统银行很难做到的。

银行存款在减少，利润增速也凸显疲软乏力之态。银行业利润从2011年开始出现逐年下滑的趋势，这种趋势似乎没有停止迹象，利润增速从2011年的36.34％锐减到2015年的2.43％，从30％多的高增长到接近零增长，银行业只用了短短的4年时间，这是一个惊心动魄的变化。从国际利率市场化的历史轨迹看，在利率完全放开后的一段时间里，资金价格都将呈现出上涨趋势，而银行为吸收资金被迫推出理财产品变相提高利率，就进一步加重了自身的融资成本。而与此同时，受制于宏观经济走势影响，再加上民间金融的崛起，直接融资比重上升，金融脱媒化快速推进，银行贷款利率又不可能向上浮动过高，银行存贷款利差将会大幅度缩小。存贷款利差是传统银行的主要盈利点，利差缩小对银行利润增长的制约将越来越严重。

此外，金融脱媒化加剧对银行资产拓展将带来较大压力，进而对其利润的影响也越来越严重。理财产品、直接投资、直接融资、小贷公司、信托公司、保险公司等非银行金融机构，股票、债券等直接融资手段等，对银行贷款的间接融资渠道构成较大威胁，特别是对贷款资产的营销拓展形成制约。再加上，银行贷款配置效率低下、程序繁杂、条件苛刻，使得银行贷款市场越来越小。没有贷款，何来利润？

屋漏偏逢连夜雨，在利润增速连续几年下滑的情况下，银行不良贷款却呈现增长态势。统计显示，这一两年银行业不良贷款猛增，不良率由 2012—2014 年的 1% 左右，增加到 2015 年的 1.68%。2016 年一季度，银行业不良率上升到 1.75% 的水平，关注类贷款占比上升到 4.01%，拨备覆盖率下滑到 175.03%。而这些数据还只是进账数据，一些基层银行出于种种目的存在着大量不良贷款没有进账或者仍在正常贷款统计之中的情况。海外机构包括国际货币基金组织（IMF）预测的比例可能更高，甚至有离谱的预测为 10% 以上。更加严重的是，房地产、地方融资平台和产能过剩三大高危领域问题正在暴露，其背后都是巨额银行贷款，加上银行借新还旧隐瞒的不良贷款逐步暴露，银行不良贷款已经快速增长。

面对以上困境，传统银行出路何在？从宏观货币政策来说，传统银行陷入困境的原因之一是目前金融改革不到位。比如传统银行必须恪守基准利率，这就导致银行和社会金融机构在吸收资金价格上的不公平竞争，使得银行丧失了竞争力。这就要求金融业加快利率市场改革步伐，尽快攻破最后一座堡垒——存款利率上限管制，给传统银行创造公平竞争的环境，让资金价格回归市场。

2015 年 10 月，央行宣布对商业银行和农村合作金融机构等不再设置存款利率浮动上限。这意味着，中国已经基本取消利率管制，实现利率市场化。尽管如此，目前的利率市场化基本还是形式上的市场化，因为央行制定的存贷款基准利率依然是金融市场最为关键的定价依据，对整个金融体系发挥着重要影响，存款利率尚未体现出充分竞争性。

传统银行早就意识到了不能再过度依靠存贷款利差收入作为利润主体业务了，早就有了转型的内在要求，主要是将盈利对象转向以中间业务收入为主。但是，最大的问题在于，传统银行没有转型的内部机制和技术人才储备。就拿中间业务来说，传统银行往往想尽办法开辟传统服务的收费项目，结果惹得人们怨声载道。传统银行往往缺乏像余额宝等产品的开发设计思想和人才储备，所以，既无法给客户带来远远高于存款的收益，又无法吸引大量资金。因此，商业银行必须痛下决心，从思想观念上彻底丢弃过去"躺着赚钱"的幻想，积极吸引人才，不拘一格地使用人才，从而加大能够给客户带来高收益并使得自己也获得利润的双赢金融产品开发力度，培育利润新的增长点。

传统银行最佳、最有效的出路在于改革创新。从内部看，一定要改掉长期以来的官僚化垄断思维，要真真切切敬畏市场，培养贴近市场、懂市场、懂互联网思维的决策执行团队。当务之急是，真心实意拥抱互联网科技，谋求与互联网金融、金融科技企业合作，拓展新金融业务。比如，银行卡支付包括信用卡支付业务是传统银行中间业务的一大块收入来源，而目前已经受到网络信用卡和二维码支付的冲击。

随着线下商业活动快速搬到线上，传统银行一定要跟上这个步伐，要么自己开发以电商平台为基础的互联网金融业务，要么寻求与互联网金融、金融科技企业合作，共享其大数据平台资源。无论是存款的负债业务，还是贷款的资产业务以及中间业务，未来以互联网思维、互联网电商平台为基础的互联网金融、金融科技占据的份额都将会越来越大，传统银行必须迅速拥抱大数据、云计算、智能化、区块链、人工智能等互联网科技企业。否则，极有可能像比尔·盖茨早在 20 世纪末预言的那样：传统银行将会成为 21 世纪的恐龙。

● 金融科技给银行带来的巨变

　　以智能化特别是人工智能为核心技术的金融科技给全球金融业带来巨变，特别是对传统银行的冲击势不可当。令人震惊的是，这种变化与冲击比预想的快得多。

　　此前，众多国内外专家预测，由于金融科技、互联网金融以及人工智能的发展，传统银行现有的物理性营业网点将在 10 年内消失。还有人预测，在金融科技冲击下，全球银行业几百万名员工将在未来若干年里失去工作岗位。对于端着金饭碗的大多数银行员工来说，这些预测近乎天方夜谭，最多也是表面上点头同意而内心里的声音却是"早着呢"。然而，已有的事实证明这些端着金饭碗的银行员工大意了，甚至是错了。

　　目前，海外金融科技智能化发展得如火如荼。2017 年年初，日本一些保险公司理赔岗位裁员 30%，原因就是虽然理赔岗位是"复杂劳动"，但智能机器人可以替代。

　　金融智能化、科技化的风暴也正在席卷中国的金融业。特别是对银行个人业务的冲击与改变是前所未有的。近期,有机构统计数据显示,从近3年的数据来看,银行的柜员配备情况正在逐年递减,尤其以国有大银行为代表。3年时间,银行发生了翻天覆地的变化,从2014年的减员1.7万余人到2016年的骤减5万余人,主要是一线柜员减幅较大,原因在于一线营业网点的柜面业务大幅度减少了,过去排长队的情况鲜见了,到银行办理柜面业务的仅以老年人为主。

　　银行业有一个离柜率指标,即银行业务通过移动设备、电子自助服务、智能终端等离开柜台办理与到柜台处理的比例。这个比例正在直线上升,甚至达到惊人速度。

　　在传统网点柜员减少的同时,银行的网络交易数量则有着巨大幅度的增长。银行业协会数据显示,2016年银行业金融机构离柜交易达1777.14亿笔,同比增长63.68%,离柜交易金额达到了1522.54万亿元,行业平均离柜率达到了84.31%。其中,民生银行的离柜业务率已经达到了惊人的99.27%,全年网上银行交易849.92亿笔,同比增长98.06%,网上银行个人客户数量为12.19亿,同比增长13.32%,企业客户数量为0.27亿,同比增长31.71%。

　　业务离柜率大幅度提高,柜面业务大幅度减少,带来的是人员过剩,随之必然带来较大幅度的减员。银行业协会的数据显示,截至2016年年末,工商银行共减少柜员14090人,农业银行减少柜员10843人,建设银行减少柜员30007人,中国银行则未披露数据。这是近年来银行柜员减少规模最大的一次。以近3年披露数据较全的建设银行为例,其在2014年减少柜员2851人,2015年减少柜员4881人,2016年则骤减了30007人。农业银行在2015年还增加了6909名柜员,而在2016年则一口气减少了10843名柜员。当然这里面包括一部分退休离岗的自然减员以及自动辞职离岗的人员因素，但金融智能化、科技化进步带来的冲击是主要因素。

实际上，银行业网络业务交易呈现的颓废之势，也实属无奈。中国互联网金融、金融科技的大发展，特别是以支付宝、微信为首的移动支付，给传统银行柜面业务带来了巨大冲击。传统银行业务大幅度减少与萎缩，在外部金融科技倒逼下不得不实现转型，即向科技智能金融化转变。

可以说，传统银行在移动支付、设备智能化上发展迅速，我们感受到的是手机银行已经有了巨大进步，市场占有率正在提高。同时，智能自动化设备发展良好，许多银行都配备了"智能柜台机"。这种机器设计非常人性化，功能包括个人开户、个人贷款、电子银行、转账汇款、个人外汇、信用卡、投资理财、产品签约、综合查询与打印、生活服务、公司业务、挂失、换卡、激活新卡、个人信息修改、申请优惠、睡眠户激活、修改密码、手机号码维护等 19 大类100 余项个人非现金业务，用户可根据需求，按照提示操作。

不过总体来看，传统银行在金融科技、金融智能化上与大型互联网公司的差距仍然不小。从方向看，传统银行在科技金融上虽然已经"离柜"，但仍然着重于线下金融智能业务，而大型互联网公司智能金融的着重点在于脱离线下的线上移动互联网金融业务，而移动互联网是未来大趋势、大方向。

央行最新发布的 2016 年第三季度支付体系运行总体情况报告显示，移动支付业务保持快速增长。艾瑞咨询发布的报告显示，2017 年第二季度，第三方支付移动支付市场总规模达到 27.1 万亿元。手机支付已成为年轻人最主要的支付方式，机构调研显示，84.9％的中国网民使用过移动支付，其中，95％的网友只选两个工具——支付宝和微信支付。2017 年 11 月 9 日，微信团队在成都腾讯全球合作伙伴大会上为全球伙伴解读了最新的《2017 微信数据报告》，数据显示截至 9 月份的微信日均登录用户超过 9 亿。根据比达咨询的数据显示，到 2017 年第二季度，支付宝占据中国第三方移动支付交易规模市场 51.9％的份额，而在购物场景市场交易份额则高达 74.6％。业内人士表示，在支付宝和微信等拥有巨量用户的平台支撑下，中国必将成为世界移动支付第一大市场，这显示全球将迎来一个移动支付的中国世纪。也就是说，传统银行在 2016 年的移动支付市场份额仅为 5％。这个差距太大，也预示传统银行拓展移动支付的潜力与空间很大。

相信今后银行将投入人力、物力，大力发展金融科技与互联网金融。这样的话，业务离柜率将会越来越高，直至全部离柜，带来的是柜员等一线岗位大幅度减少，最终消失。

金融科技、智能化金融进步带来的包括劳动力转型是个必然趋势，每一个银行员工面对势不可当的金融科技革命都应该尽快思考自己的出路与转型方向。

● 银行跑不过"支付宝们"的反思

生意被"支付宝们"抢走，人才被新兴行业挖走，钱被互联网金融赚走……目前，传统银行正面临一场生死考验。互联网金融、金融科技借力先进技术，在第三方支付、个人理财、消费贷款等领域异军突起、势不可挡，特别是在服务的便捷性、综合化等方面，传统银行似乎越来越处于下风，客户在流失、存款大搬家、业务不断收缩、高管频繁跳槽。原本捧着"金饭碗"的传统银行究竟怎么了？会不会被互联网金融取代？

从本质上讲，这是互联网思维、新经济思维与传统经济思维、守旧经济思想的碰撞与对抗。从一开始，似乎就注定传统金融逃脱不了逐步被边缘化的命运。

笔者多次强调过，经济决定金融，有什么样的经济必然会有什么样的金融。整个经济正在从线下向线上转移，从 PC 端向移动互联网转移，又开始从移动互联网向智能互联网奔去，那么互联网金融、金融科技必然会对传统金融行业产生冲击。

在互联网新经济规模较小时，比如电商规模比例不大时，线下实体店感觉不到冲击。而随着互联网金融规模越来越大，对传统经济的影响也越来越大，对传统金融的挑战就越来越大。

最开始以支付宝为首的网络第三方支付平台冲击传统银行独霸的结算汇兑中间业务收入时，银行结算汇兑的手续费收入在不知不觉中减少了，客户不知不觉地流失了，特别是 80 后基本不使用自己的个人银行账户转账汇款结算了，取而代之的是支付宝成为其主要结算工具，但那时傲慢的传统银行并不在乎，也不以为然。后来到了 2010 年 6 月，阿里小贷公司成立，标志着互联网金融开始进入信用融资领域，彼时距离马云放出"如果银行不改变，我们就改变银行"的豪言刚刚过去两年多，但当时，传统银行仍然没有把阿里小贷公司放在眼里。

真正让银行吓出一身冷汗的是 2013 年余额宝的横空出世。余额宝诞生后，短短几个月资金规模就上升到几千亿元，银行储蓄存款开始大举流失。在互联网思维作用下，借助互联网平台的余额宝回报率高于银行储蓄，且随时可以提取，收益随时能够看到，客户利用候车、候机等碎片化时间就可以投资余额宝赚钱，这些优点是银行无论如何都难以做到的。客户选择"支付宝们"，抛弃银行是注定的。加之微信支付的诞生再次提高了支付的便利化程度,传统银行支付系统彻底被颠覆了。

浙江网商银行、深圳前海微众银行两家互联网银行的诞生,意味着中国互联网金融的业态结构基本可以全部覆盖传统银行的所有业务。特别是随着移动互联网的发展与智能互联网的推进,未来经济金融的大方向与大目标是所有经济与金融交易都将在手机上完成,包括金融投资顾问的高端金融服务业都将被人工智能代替。

依笔者看,在新金融面前,传统金融已经没有任何优势了。有专家认为,传统银行最牛的是掌握了基础账户,任何支付、理财机构业务都要依托基础账户。的确,在央行行政命令下,对支付账户的管制越来越严,对网络支付的限制越来越多,主要是对支付宝、微信支付与银行账户交易的限制越来越多,出入口卡得越来越严。

但是,互联网金融的冲击还在继续,金融科技公司已经遍地开花,基于区块链技术的数字货币连银行的根本——货币都有取而代之之势,更遑论其他支付业务、理财业务、贷款业务等。到那时,传统银行将被彻底边缘化,这才是传统银行未来最大的危机,甚至央行也有忧虑。

支付宝与微信等正在将移动互联网这张网无限地织大,使得客户进入支付宝、微信支付里的钱,能够满足其购物、投资理财、娱乐饮食、劳务支付、公共产品缴费等一切需求。当你在菜市场买菜都可以用支付宝钱包或微信钱包支付时,那么进入支付宝钱包与微信钱包里的钱就没有任何转出的必要了,这就形成了一个通过银行基础账户通道只进不出的闭环金融生态,这时支付宝与微信钱包就会代替传统银行的大部分业务。

传统银行摆脱困境的难度较大,难在自上而下既没有互联网平台基础,又没有互联网思维,难在监管部门对互联网金融、金融科技正面意义的认识不够。

传统金融想迎头赶上，必须首先树立互联网思维、新经济新金融意识。其次，需要按照互联网思维进行深层次的改革与再造。举个最简单的例子，传统银行要切实以客户为中心，不要总是打着"安全"的名义牺牲用户体验，要把安全难题留给自己，把方便快捷留给客户。

总之，传统银行在互联网金融、金融科技冲击下涅槃重生的难度不小。

● 工行与支付宝"斗法"，谁更受伤

回顾一下 2014 年 3 月份工行与支付宝之间的那场纷争。

2014 年 3 月 24 日开始，工行逐步关闭支付宝在工行体系的快捷支付接口数量——全行拥有快捷支付业务接口的分行数量从 5 家减少到 1 家。部分地区工行新增快捷支付用户，小面积出现了用户签约不成功现象。

3 月 25 日，工行说支付宝的快捷支付违规。

支付宝回应称，工行是知法犯法，工行非公开的专线校验的方式跟银监会《关于加强电子银行信息管理工作的通知》（银监发〔2011〕86 号文）里要求的"其他有效方式直接验证客户身份"并没有冲突。当然，是否违法需要监管部门最终裁定。

3 月 27 日，支付宝发布公告提醒客户，如果工行签约提示失败的话，建议换卡。消息一出，许多客户表示愿意或者准备开始换卡操作。

对此，工行迅速做出回应。当日，工商银行行长易会满在 2013 年业绩发布会上表示，工行是互联网金融最大的得益者，工行跟支付宝、微信等第三方支付平台是业务的双赢和合作关系，现在是合作关系，今后也是合作关系。

工行相信支付宝会把用户体验放在第一位,希望与支付宝继续合作。

从对呛到合作,工行作为大行希望与支付宝等互联网新金融企业继续合作的态度值得肯定。一个基本判断是,合则双赢,斗则同败。如果支付宝关闭了与工行银行卡的合作通道,那么将会失去对工行忠诚度高的客户,这对支付宝来说绝对是一大损失,而后对工行的损失可能更大。支付宝有超4亿名活跃用户,工行渠道一旦不畅通,那么许多客户必将离工行而去。这对工行的冲击是巨大的,主要在银行卡市场和活期存款市场,两大市场份额将会急速下降。工行再大,也难以承受来自支付宝几亿名客户平台的冲击。毕竟跟支付宝有快捷支付合作的银行有170多家,客户的选择余地非常大,而且一些股份制银行在银行卡收费等方面比大型银行有更多优惠,客户在大型银行一棵树上吊死的时代已经一去不复返。如果那些股份制银行比如平安银行、中信银行等乘虚而入,抢占工行流失的银行卡业务和活期存款市场,那么工行最终将赔了夫人又折兵。

工行与支付宝纷争最受伤的还是客户。两家的争斗会大大影响客户体验,影响客户购物消费、购买理财产品的支付体验,牺牲的是客户综合利益和感受。谁伤了客户,客户就会离谁而去。无论是大型银行,还是类似支付宝平台,说到底都是服务客户的,时时刻刻都应该以客户利益为中心,内部后台任何的改动都不应该影响客户体验,更不应该在双方协商未果情况下,一方贸然改动后台设置。即使协商不妥,也宁可延缓甚至停止改动而不能损害客户利益。

所以,银行聪明的做法不是拒绝互联网金融创新,而是拥抱金融创新。否则,比尔·盖茨多年前的预言"传统银行将会成为21世纪的恐龙"极有可能在中国变成现实。

第二节　银行面临的最大冲击是金融科技

"2016 中国银行业发展论坛"2016 年于 7 月 7 日在北京举行。中国银行业重量级人物悉数登场发言。其中，引起极大关注的一个话题是，银行业面临的空前压力与挑战。

这其中包括产能严重过剩带来不良贷款快速上升的挑战，以及银行业吸收资金的能力大幅度下降，特别是吸收低成本资金能力基本丧失殆尽的挑战。关于这两点，笔者在前文中已经做了详细的论述。

一个更加奇怪的现象是，银行业也在遭遇资产配置荒的困境。目前银行青睐的央企、国企、垄断性企业以及上市公司，要么遭遇产能过剩的寒冬，要么经营十分不景气，银行不敢贸然发放新贷款。少数几家经营状况尚可的大企业，要么不缺流动性，要么多家银行竞相将贷款送上门，竞争压力也非常大。而中小微企业以及三农贷款，银行又不愿意介入。同时，银行在新增信贷的投向上面临"资产荒"的问题，原来风险较小的国企债务、地方政府担保的信用债也开始爆发风险，新增资产缺乏"安全区"，银行腹背受敌，拓展资产业务遭遇了空前的困境。

银行业的困境最终体现在了利润断崖式下滑上。平安银行行长邵平深有体会地说，银行业已经进入了一个"焦虑时刻"。近几年，银行的利润增速断崖式下跌,从 2011 年的 36.34％锐减到 2015 年的 2.43％。利润率从 30％多的高增长到接近零增长,银行业只用了短短的 4 年时间,这是一个惊心动魄的变化。

依笔者看,银行业目前最大的挑战还不在上述传统业务困境,最大的潜在危机在于势不可当的金融科技的巨大威胁。比如,移动支付挑战了传统银行的结算支付业务,互联网银行挑战了传统银行资产业务,各种互联网理财产品挑战了传统银行理财与吸收资金业务……

从互联网金融和金融科技对传统银行冲击的具体表现看,互联网金融和金融科技借助移动互联网的便利性、高效性,自主自由、每时每刻,不受时间、地点、空间约束就可以完成一切金融交易的特性,传统银行根本无法与其竞争。互联网金融带来的整个社会融资的多元化,抢走了银行业不少地盘。同时,互联网金融直接促进了全社会直接融资的大发展,而直接融资又是传统银行间接融资的坟墓。

金融科技生态构建让传统银行边缘化的趋势已经凸显出来。我们拿最熟悉的支付宝例子来"说事"。支付宝已经于 2016 年 10 月 12 日开始提现收费(支付宝转到银行卡)。提现收费后,放在支付宝里的钱怎么办?支付宝回答,支付宝覆盖了国内几乎所有的在线购物网站,支持几百个城市的公共服务缴费,包括酒店、便利店、餐饮、医院、出行等众多行业,还有余额宝、定期理财、买基金买保险等投资领域。其深层目的是通过提现收费的价格手段将客户留在、锁定在支付宝营造的网络消费投资的闭环里,并通过蚂蚁积分激励机制黏住客户。

试想,当支付宝的生态圈越来越大时,即只要用户把钱转入支付宝就可以在其生态圈子里进行生产、消费、娱乐、休闲、投资等活动,支付宝就会成为

"网络王国的央行"。同时,将一大部分金融交易、金融活动都锁定在了支付宝的生态闭环里,无形中就使得传统银行被边缘化。这是一个"很可怕"的未来。

更应该注意的是,中国发起的互联网金融已经在欧美得到了升级,一股金融科技浪潮正在席卷而来。人工智能(AI)正在进入金融领域,包括机器人银行柜员,特别是机器人金融分析师的研发试验已经取得巨大进展。

如果说中国的互联网金融给传统银行带来巨大冲击,那么面对汹涌而来全球性金融科技浪潮,中国传统银行在劫难逃。

很快,金融科技对传统金融包括银行的冲击就像电商的发展对传统商场的冲击一样,又恰似优步、滴滴等网络叫车模式对传统出租车行业的冲击一样,结果可想而知。

● 数据流失是传统银行最大的损失

在中国,第三方移动支付正在崛起,而信用卡和借记卡的使用量正在减少,这对商业银行获取客户数据的能力构成了威胁。而这些客户数据又被视为新兴金融和消费业务模式的关键所在,这对中国传统银行可谓雪上加霜。在中国商业银行的传统放贷业务正承受巨大压力之际,第三方移动支付的崛起对银行向新业务线拓展的能力造成了打击。

目前,全球传统商业银行遭遇空前危机。长期的低利率、负利率使得欧洲、日本银行业经营受到挤压,利润每况愈下;英国脱欧公投、欧债危机等黑天鹅事件使得欧洲银行业衍生品风险凸显。

中国是新兴市场最重要的国家之一,当前中国商业银行面临的局面是利润下降、不良贷款上升、中间业务萎缩、吸收资金能力下降、资金运用渠道越来越窄。

金融脱媒化、社会化融资崛起、互联网金融发展等对传统银行的影响与冲击越来越大。这些危机使得商业银行的经营业绩一直在走下坡路。

然而,正如《金融时报》的报道,以上危机对于商业银行来说还不能算是最大的。最大的危机来自于商业银行客户大数据的严重流失,以及银行对客户数据获取能力的严重下降。

道理其实并不复杂。整个经济业态正在从线下搬往线上,快速向移动互联网方向发展。在这个大趋势下,作为服务业的金融业必须要有获取线上大数据的能力。金融的本质是信用,只有主动获取客户积累的大数据,才能分析挖掘出客户在信用交易中的信用程度,进而做出是否发生信用关系的决策。只有拥有海量的客户数据,才能分析出客户的消费以及理财等金融行为动机,进而给客户提供符合其需求的金融服务。

商业银行首先必须拥有海量大数据,更重要的是要有超强的对大数据进行分析挖掘与计算的能力,否则,即使坐拥相关的大数据,也将毫无用武之地。试想,如果传统银行失去客户数据,大数据严重流失,那么可以预言传统银行将没有未来,路子将会越走越窄。

不仅仅是电子商务支付被移动支付占领,目前超市和餐馆等线下商户的移动支付量也在迅猛增长。我们已经可以做到手握一部手机就完成逛商场、就餐,以及支付快递费等商品和劳务服务领域的结算支付。那么,这些移动支付在线上线下积累的客户数据都沉淀在何处?

支付宝、微信支付以及其他移动支付所用的钱都来自于绑定的传统银行账户。这意味着,传统银行存款仍是其资金的最终来源。然而,当消费者用支付宝或微信来支付时，银行不会接收到关于商户名称和所在地的数据。银行的记录只会显示收款方是支付宝或微信。这才是银行业的最大危机。因为第三方支付提供商在银行与客户之间的"插足"，令银行无法获得关于消费模式的宝贵数据。

随着消费模式和商业模式的改变，数据变得越来越重要，而是否能合理利用将决定金融相关企业的未来。

在宏观经济下滑、公司类业务大幅度下降、存贷利差收入越来越少的情况下，零售银行业务也许是传统银行的最后一根救命稻草。但如果它们没有支付和消费数据，不仅很难引起消费者的更多关注，而且更重要的是无法获取客户资信，从而埋下潜在的金融风险。

怎么办？传统银行的唯一出路是打破体制机制的条条框框，壮士断腕般地创新创新再创新，迅速赶上移动互联时代的金融科技浪潮，甚至引领这个潮流，除此之外没有别的出路与捷径。

● 金融科技全面颠覆传统银行"信用观"

传统金融的本质是信用，互联网金融、金融科技的本质同样是信用。二者的区别在于后者改变了信用的搜集、攫取、获得的方式，从而使得信用的获取更加主动、更加高效、更加准确，金融交易的风险被大大缩小，防范风险的手段大幅度提升。

传统金融机构包括银行业都应该深刻认识到互联网金融、金融科技的本质内涵。真正的互联网金融、金融科技不但能够提高金融资源配置效率，最重要的是在金融行业核心的风险防范上比传统金融优势更大，他们可以借助大数据挖掘分析的优势,深度挖掘金融交易对手的信用资源状况,从而决定是否与交易对手发生金融交易。

中国传统金融机构在金融资源配置上的最大浪费就是将金融交易对手的信用财富几乎全部浪费掉了。传统金融机构一贯的做法是,把一切对手都预先假想为信用基础彻底坍塌的"失信之徒",这样就使一切交易都变得异常复杂。比如,无论是讲信用还是不讲信用的客户贷款,一律都需要担保抵押,这就使得金融交易的过程变得复杂多了。原因就在于传统金融机构没有鉴别谁讲信用、谁是失信之徒的有效手段,而金融科技企业的诞生将解决这一问题。

所以,传统银行要想直面互联网金融、金融科技的竞争,除了在经营理念、管理体制、人才储备等方面"补课",还应该重塑自己的"信用观",像金融科技企业那样通过大数据建立自己的信用数据库,把多年来闲置的信用资源重新加以利用。如此一来,不但能让授信变得像金融科技企业那样快速、高效,提升用户体验,而且能最大限度地控制风险,降低不良贷款率。

传统银行掐不死技术革命

一则消息由于耀眼的标题而受到关注。富国银行拒绝提供支付服务,迫使全球第三大比特币交易所 Bitfinex 宣布停止美元兑付,市场质疑比特币投资前景。有分析认为,区块链技术革命的最终受益者,可能还是拥有市场支配地位的传统金融机构。

这里存在明显的两大问题:一是在推广、市场认知阶段,适度放大其投资功能无可厚非。但是,比特币的终极目标是成为支付与结算手段,即商品流通与交易的媒介。如果一直盯住其投资功能，必然南辕北辙。二是比特币作为最早的数字货币之一，特别是其区块链技术，传统银行可以研发应用，但若要依靠传统银行的传统支配地位独霸区块链技术，几乎是笑话一则。

传统银行由于基因里的保守思想，进行技术革命与创新的动力不足。对于互联网金融、科技金融这类要革传统命脉的技术创新，传统银行只有惧怕、不屑甚至阻挠。富国银行停止比特币兑换美元业务也许就是例子之一。但技术革命洪流滚滚向前，谁也挡不住。

比特币交易正在被很多国家的司法部门、企业以及金融机构所接受。一家银行拒绝给比特币提供服务，其他银行或者急切想要合作呢？同时，目前全球金融服务多元化、机构多样化，特别是互联网金融与科技金融企业层出不穷，某一家银行很难挡住数字货币的普及与推广。谁充当保守阻挡者，谁就可能最终被抛弃。对这一点，我们必须有一个清醒认识。

Bitfinex发表声明称："我们停止接受所有比特币兑换美元业务，目前正在开发其他货币的存转渠道。恢复美元存入的服务会另行通知。"与此同时，比特币交易使用已经呈现出爆发式增长。

继美国石油交易准备使用比特币技术，日本4000家商场联合使用比特币结算外，欧洲清算中心（Euroclear）宣布基于区块链技术的黄金交易测试取得重大进展。

就比特币本身来说，不能说没有危机隐患。其危机或来自两个方面：内部分裂是比特币面临的危机之一。之所以被推向分裂，主要是因为各方对于所谓的"区块大小"（block size）争执不下。按照现有的代码，比特币每批交易的数据容量有严格限制。随着比特币交易量激增，这种限制拖慢了交易，以往只需数秒就能清算，现在得花上好几个小时。各方都认为有必要对此做出改变。如果为扩容增进"区块大小","硬分叉"将导致比特币数量增加,从而进一步贬值。

2017 年 3 月,近 20 家比特币交易所发布联合声明,声称假如比特币硬分叉真的展开了,他们会将比特币无限期列为新的竞争币,并为它冠上新的名字,以方便比特币用户继续交易使用。

另一个危机来自技术革命本身。2016 年 8 月到 2017 年 4 月的 8 个月时间里,一个由加密算法爱好者构成的组织,正在进行一番堂吉诃德式的努力:暴力破解创建比特币钱包地址的加密算法。从比特币问世之初,其安全性固若金汤是很多人的共识,因而这个组织目前的想法也被视为不切实际。它和全球最大粒子加速器 Large Hadron Collider 拥有相似的名字——Large Bitcoin Collider(LBC),或许也暗含着这层意思。但是,一旦 LBC 获得成功,那么就会让比特币加密算法中的一个关键部分立即失效。

比特币的原理是,比特币钱包会随机生成一个公共地址,以及相关联的私人密钥。随机生成的公共地址必须足够"随机",才能保证相关联的私人密钥不被猜到。技术上说,一堆私人密钥可以和任意一个公共地址匹配,但是如果要通过暴力破解获得相互匹配的地址和密钥,就需要巨大的计算机资源遍历无数可能性。对于任何一个单一团队来说,这显然是不可能实现的。因此 LBC 就希望通过其开发的一款软件,集结所有用户的计算机资源,来实现这个想法。这或是比特币面临的最大技术挑战。

● 银行涉足金融科技优势何在?

如前文所述,互联网金融、金融科技的异军突起,对银行等传统金融机构带来巨大冲击，这种冲击甚至是革命性的、颠覆性的。同时，这种冲击也正在倒逼传统金融机构加快改革步伐，摒弃线下思维，主动拥抱互联网科技、移动互联网。那么，银行等传统金融"触网"，拥抱新科技的优势何在？

传统银行涉足金融科技具有天然的优势，其中，资金实力雄厚是其首要优势。此外，传统银行还有一个更大的优势，那就是其丰富的金融管理经验和金融人才队伍，这也是民营企业望尘莫及的。金融是高风险行业，风控是最关键的，传统银行在金融风险控制上的绝对优势也是其他企业涉足金融科技时无法比拟的。

互联网金融的本质是借助网络上的大数据挖掘和分析功能，对金融交易对象的信用状况进行有效获取。无论是企业法人，还是自然人，其在网络上的足迹都是可记录、可捕捉、可分析、可挖掘的，这里面的关键在于金融交易主体在网络上的数据对分析和判定其信用状况是完整有效的。

哪些数据是有效的呢？诸如企业和个人等金融资源需求者天猫、淘宝、京东等电子商务平台上积累的大数据，都是从生产、流通、库存、销售、资金流、现金流、财务流等环节产生的，是完整和有效的。而目前银行系统上积累的客户大数据只是经营结果最后端的财务数据，对获取和挖掘信用状况是不完整甚至是无效的。

这是工行、建行等纷纷打造自己的电子商务平台的根本原因。传统银行凭借其雄厚的资金实力打造电子商务平台，以便培养和黏住客户，从客户在平台上留下的足迹来分析、挖掘其信用状况，最终获取客户的征信状况，这个方向是完全正确的。目前，建设银行的"善融商务"，工行的包括"融 e 购"电商平台、"融 e 联"即时通信平台和"融 e 行"直销银行平台三大平台的"e-ICBC"，以及平安银行、招商银行等股份制银行的电商平台等，虽然都是刚刚起步，但势头不错。特别是工行,既做"融 e 购"电商平台,又做类似于微信的"融 e 联"即时通信平台社交媒体,雄心之大可见一斑。

然而,传统银行采取自己搭建电商平台的模式能否成功,还存在一定变数。目前,电商平台事实上已经被几家互联网巨头"垄断"。根据规模经济效应理论,银行想要另起炉灶打造电商平台,挤进市场分一杯羹往往很难。一旦投入巨资后,上线的客户数量有限或者积累的数据残缺不全、不能使用,所有的努力将前功尽弃。同时,传统银行做电商这种大而全的模式是否具有可持续性也值得怀疑。

笔者还是倾向于传统银行走与大型电商平台合作之路,银行利用电商平台上积累的完整大数据为自己所用,是一条省时省力的高效途径。当然,难度在于传统银行能否放下"架子"与电商企业磋商谈判,双方能否适度让利等。此外,传统银行特别是大型银行是否及时接受新事物、新思维,这也是传统银行涉足金融科技能否成功的一道重要关口。

尽管如此,银行涉足金融科技已经起步了,开弓没有回头箭,希望其在互联网+大潮引领下越走越好,切实成为服务实体经济的新金融载体。

● 欧美银行的"傲慢与偏见"

2016 年春节期间,德意志银行等欧洲银行经营业绩下滑,股价大幅度下挫,不久后又传来汇丰银行和渣打银行陷入亏损的消息。

汇丰银行与渣打银行利润大幅度下滑的直接原因是坏账增加,导致坏账拨备额度增加,从而侵蚀了利润。从欧洲银行以及渣打银行看,全球银行业遭遇空前困境不是个别现象,应该是一个较普遍的问题。那么,导致全球银行业陷入窘境的主要原因是什么呢？

全球经济下滑是银行业困境的总根源。经济决定金融，经济下滑，银行经营业绩随之下降是一个必然现象。在宏观经济大环境下，欧洲、日本等应对经济下滑而采取的负利率政策是导致这些地区银行经营状况每况愈下的直接原因。国家实行负利率后，商业银行还要为存在央行的存款支付保管费，而这些资金取出用于放贷时，企业的经营风险又很大，无奈之下，只有购买债券，从而导致债券价格上涨，收益率下跌甚至成负收益率。在核算利润时，这必然会直接影响到商业银行的业绩。

自2013年开始，渣打银行的利润增长陷入停滞，并在2014年首次遭遇业绩倒退，这说明25年来首现年度亏损有一个演变过程，并不能把责任完全推到经济下滑、负利率影响上面。同时我们注意到，2013年正好是互联网金融发展的元年，这或许与渣打银行走下坡路有些巧合，但也确实说明了一些问题。

在中国互联网金融挑战与颠覆传统银行时，欧美以及亚洲发达地区银行抱着不屑一顾的态度，一些专家认为欧美就没有互联网金融，市场甚至还偏见性地认为，中国出现互联网金融主要是金融体系不完善被钻了空子，而欧美金融体系完备，没空子可钻。现在看来，这类观点带有很大的主观成分，根本经不起考验。就拿网络支付特别是移动互联网支付来说，现在已经蚕食了传统银行一大块业务，目前除了中国的支付宝、微信支付外，苹果支付与谷歌支付、三星支付已经在全球开始普及，商业银行包括主打银行卡的花旗银行都将面临巨大挑战。

中国互联网金融的发展已经对商业银行构成了挑战，传统银行对互联网金融以及金融科技反应迟钝是其陷入如今被动局面的原因之一，如果继续跟不上新经济、新科技、新金融步伐，很可能会被淘汰出局。

第三节 "云"上的银行值得期待

继深圳前海微众银行之后，另一家纯粹的互联网银行浙江网商银行于2015年5月获得浙江省银监局的开业批复，这也是国内首家采用自主可控核心系统的互联网银行。至此，2014年批准的5家民营银行试点筹备完毕全部开业或试营业。

浙江网商银行的特色非常鲜明，首先履行了此前多次承诺过的"做纯粹互联网银行"的诺言，这个意义非常之大。纯粹的互联网银行目前不仅在中国，而且在世界上都没有先例，这种探索和创新如果能够成功，不仅对中国金融特别是银行业是巨大贡献，而且也是全世界的金融创新成就。

纯粹的互联网银行以纯互联网方式运营，不设物理网点，不做现金业务，也不会涉足传统银行的线下业务，如支票、汇票等。当然，这只是表面的区别，只是运作的形式不同而已。此外还需要深究互联网银行的核心问题，即互联网银行与传统银行的本质区别在哪里。

从浙江网商银行管理层透露的讯息看，通过阿里平台上积累的大数据来征信，从而进行风控，实现金融资产交易安全，在这一点上，背靠阿里巴巴平台的浙江网商银行有着天然的优势。蚂蚁小贷通过大数据和互联网技术解决小微企业融资难的实践已经开展了多年，它是中国乃至全球将大数据运用到金融风险防控、金融交易对象信用分析挖掘的第一家企业，也是业内唯一具有如此成熟经验的企业。这是浙江网商银行利用大数据甄别金融交易对象信用，实行风控的最大优势。

而最让笔者期待的是浙江网商银行的另一大核心——所有系统全部基于阿里自主研发的分布式架构的金融云计算和 OceanBase 数据库。浙江网商银行是中国第一家完全跑在"云"上的银行。系统上"云"后，不仅可以大幅降低系统成本，而且随着业务的扩大，金融云的成本优势还会不断显现。最直接的对比就是，银行采用的传统 IT 系统，每年维护单账户的成本大致在 30～100 元，单笔支付成本约 6～7 分钱，而基于"金融云"的网络银行系统，每年单账户维护成本只有约 0.5 元，单笔支付成本约 2 分钱。作为第一家试水自主可控的金融云系统的银行，笔者对浙江网商银行的"金融云"充满期待。

换句话说，浙江网商银行才是真正意义上的金融科技，体现了互联网金融与传统金融的本质区别。一根网线实现了金融业务无边界无疆域、每时每刻提供"随时、随地、随心"的金融服务的理想，不仅大大降低了设立物理性网点和人员的成本，同时提高了金融资源配置效率，提升客户高效和便利性的良好体验，这是传统银行无论如何都不能企及的。

当然，浙江网商银行的业务定位、市场定位也很清晰。业务定位于互联网平台尤其是阿里系平台，面向小微企业和网络消费者开展金融服务；服务客户群体定位在"长尾"业务上，定位在大型传统银行不屑一顾的中小微企业、个体商户等普罗大众上。正应了浙江网商银行行长俞胜法在该行成立之初所说的，"网商银行永远不会去碰那 20% 的高价值客户群"。当然，小存小贷也是风险控制的最好措施之一。

此外，农村金融将成为浙江网商银行的重要拓展方向。中小微企业和"三农"金融资源严重不足，融资难、融资贵问题突出，十几年都不能解决，而互联网银行或许将成为服务农村金融的最佳手段和平台。浙江网商银行带头尝试并且把农村金融作为服务方向,是全国广大农民的福音,也解决了决策层头痛多年的农业融资难题。

● "网联"要挑战银联?

"网联"来了!

2017 年 7 月 28 日,中国人民银行清算总中心、财付通支付、支付宝及银联等 45 家机构签署了《网联清算有限公司设立协议书》,拟共同发起设立"网联清算有限公司"。

这个平台的主要作用是什么呢? 主要是针对非银行支付机构发起的网络支付业务以及为支付机构服务的业务,支撑以电子商务等场景驱动的支付业务创新,满足基于支付账户与银行账户(含电子账户)的网络支付跨行资金清算处理。这将为支付宝、财付通等非银行第三方支付机构搭建一个共有的转接清算平台,受央行监管。

"网联"平台,是为解决现有第三方网络支付服务直连银行网络带来的多方关系混乱、监管上有漏洞、安全无法保障等各种问题。直观讲就是,现在网络第三方支付由于不落地,而客户转账的基础性资金或者说网络支付工具上的资金必须通过落地的银行账户进出。这样的话,例如支付宝、微信等支付企业就需要与银行一家一家谈接入口,银行还要收取费用,各家标准又不统一。同时,由于 200 多家网络支付机构都要与几百家银行一对一"谈判"、一对一服务,不免产生摩擦甚至混乱。大银行常常利用相对垄断优势要挟网络支付机构,时常发生矛盾,最终伤及的还是客户利益。

另外值得注意的是，网络第三方支付机构在"跨行"、跨网络支付机构转账上的群龙无首，对网络支付构成一定制约。同时大型支付机构比如支付宝等由于沉淀资金规模过大，俨然成为"第二央行"。在网络第三方支付发展的关键时期，成立非银行支付机构网络支付清算平台（网联）是水到渠成的事。"网联"给第三方支付平台提供了能够与银行系统一点接入的平台，以后第三方支付公司不用再跟银行一家家去谈判合作事项了，只要连入"网联"即可。

　　另一项重要作用是，"网联"还将统一技术标准和业务规则，并为客户备付金的集中存管提供支持。这是网络第三方支付行业一件大事情。通过"网联"平台，网络第三方支付机构只需接入其接口即可为客户提供银行与网络第三方机构的相互转账，以及网络第三方支付机构之间的相互转账。因为清算统一通过"网联"进行，而网络第三方机构与银行等都在"网联"开立有结算准备金账户，将解决"群龙无首"问题。

　　最理想的状态模式是，对"网联"实行央行指导，市场化运作，会员制管理。比如，由支付宝、微信支付等大型机构牵头，实行会员制运营管理，但要切记不能像搞银联一样，把网联搞成央行的"私生子"。当然，笔者也理解央行的"私心"。央行主导网联，是为了统一网络第三方支付机构的"跨行"备付金，以便将来把客户备付金纳入统一管理，防止出现"第二央行"弱化货币政策效应。

　　无论传统银行和银联是否承认、是否愿意，"网联"的出现，事实上都对"银联"构成直接挑战和威胁。网络第三方支付的地盘被抢占后，"银联"眼前的道路将越走越窄，因为金融支付向网络特别是移动互联网上的转移是谁也挡不住的历史潮流。如果"网联"发展好了，可以降低现有支付公司的成本，并提高支付效率,对支付行业起到一定的规范作用,可以让互联网支付有更大的施展拳脚的空间。

● 总理见证首家互联网银行首贷

2015年1月4日,李克强总理在深圳前海微众银行敲下电脑回车键,卡车司机徐军就拿到了3.5万元贷款。

这是深圳前海微众银行作为国内首家开业的互联网民营银行完成的第一笔放贷业务。深圳前海微众银行是2014年5家试点民营银行中第一个筹备完毕后开业的银行,是第一家具有互联网金融意义的银行。它既无营业网点,也无营业柜台,更无须财产担保,而是通过人脸识别技术和大数据信用评级发放贷款。

李克强总理亲自见证和启动深圳前海微众银行的第一笔贷款,并对互联网金融的发展寄予极大期望,这对于饱受争议的互联网金融来说无异于雪中送炭,使得互联网金融科技受到巨大鼓舞。总理在深圳前海微众银行视察时的讲话,至少透露出三点重要信息。

一是总理对互联网金融的普惠制寄予希望。通过发展互联网金融包括网络银行解决中小微企业融资难、融资贵问题,网络银行完全可以大有作为,阿里小贷多年来的实践已经充分证明了这一点。网络银行的小额、高效、透明,不要担保抵押甚至连贷款者的面都不用见,24小时就可以放贷到需求者手中,这正好契合了中小微企业贷款需求小额、快速的特点。深圳前海微众银行定位于扶持中小微企业的个存小贷,就是要给实体小微企业融资难、融资贵寻找出路。对此,总理对网络银行寄予很大希望。

二是总理对互联网金融引领创新革新寄予殷切希望。大众创业、万众创新已经成为时代的最强音。互联网思维就是不断革新、不竭创新的思维。互联网银行通过人脸识别技术和大数据信用评级发放贷款，相对于传统金融来说就是最大的创新。创新的结果是提高金融资源配置效率和公平性，降低金融资源交易成本，这正是中国经济目前急需的。李克强总理要求互联网银行"在互联网金融领域闯出一条路子"，就是闯出一条创新革新之路，以此来引领大众创业、万众创新向纵深发展。

三是总理对互联网金融引领和倒逼传统金融改革的殷殷期望。包括两个层面：首先，总理希望互联网银行给"普惠金融、小贷公司、小微银行发展提供经验"。中国目前不缺四大行等大型金融机构，缺的是给中小微以及个体经济量身定做的金融机构，而传统的普惠制金融以及小贷、小微银行等发展得并不好，甚至滑向了高利贷深渊，互联网金融迅速崛起给传统普惠金融提供了一条最佳转型路径。最重要的是，总理期望互联网金融倒逼传统金融加速改革，他对深圳前海微众银行负责人说："现在希望用你们的方式来倒推传统金融的改革"。

关于互联网金融的地位问题，争议非常大。自诞生以来，央行等监管部门一直认为互联网金融仅仅是传统金融的补充而已，不承认互联网金融对传统金融的颠覆作用，不承认其倒逼传统金融改革的"鲶鱼效应"。在此背景下，总理一锤定音，希望互联网金融发挥"鲶鱼效应"，倒逼传统金融改革。他同时表示，互联网金融不仅要倒逼传统金融改革，还要与传统金融融为一体，开展同业合作，共同实现普惠金融。这也道出了互联网金融与传统银行平起平坐、业务互补的定位，让那些对互联网金融、金融科技持守旧思维甚至敌视态度的人无话可说。

建行与蚂蚁金服牵手

2017 年 3 月 28 日,建行与蚂蚁金服宣布实施战略合作。建行入驻支付宝,客户可在支付宝上直接购买建行理财产品。具体流程如下:

第一,开通财富号。建行将通过蚂蚁金服的技术能力,提供个性化、定制化产品和服务。在传统银行业务上,国有银行有优势,但这种优势正在慢慢消失,而在互联网金融与金融科技上,大型互联网公司具有绝对优势,这种优势是传统银行无法比拟的。从新技术角度看,互联网金融、金融科技与传统金融真不是一回事。建行财富号找蚂蚁金服设计推介是正确的选择。

第二,线上开卡。蚂蚁金服将协助建行推进信用卡线上开卡业务。借助芝麻信用的个人网络征信体系,蚂蚁金服帮助商业银行开立信用卡已经有非常成功的案例。

第三,互认互扫。未来建行和支付宝的二维码可以互相扫描。在传统银行支付特别是移动支付业务受到严重冲击、发展十分缓慢的情况下,建行以开放的心态与竞争者握手言和,展开战略合作,是开明之举。目前手机支付已成为年轻人最主要的支付方式,有 84.9% 的中国网民使用过移动支付,其中,95% 的网友只选两个工具——支付宝和微信支付。也就是说,传统银行在 2016 年的移动支付市场份额仅为 5%,这个差距太大,也预示传统银行拓展移动支付的潜力与空间很大。建行与支付宝二维码可以互相扫描,也许使建行找到了追赶移动支付的捷径。

看着银行网点柜台客户越来越少,看着老百姓等车时就可在支付宝、微信上办理各种金融业务,银行的处境可想而知。客户正在快速向互联网特别是移动互联网上转移，而就金融业务来说，转向支付宝与微信以及其他互联网金融平台是大势所趋。银行如果还死守线下网点阵地，只能是死路一条。

向移动互联网金融转移是传统银行的不二选择。怎么转？新经济、新金融的一个特点是先入为主，在支付宝、微信等已经占领线上金融阵地的情况下，就是财大气粗的国有银行也很难与其争夺——依靠自己技术、营销团队去拓展移动互联网金融业务可能性非常小。笔者早就提出大型银行必须与大型互联网平台创办的互联网金融展开合作。

目前支付宝注册用户数量已超过 6 亿，月活跃用户数量 29472.7 万人，日活跃用户数量 8382.7 万人。支付宝无论是月度用户活跃度还是日均用户活跃度，都以绝对的优势牢牢占据金融类 App 和移动支付平台的榜首。从把握住客户转移流动的方向这一点上，足以看出建行管理层比其他银行更有前瞻性。

真正认识清楚互联网金融本质的人士，应该知道真正的互联网金融有利于防范信用交易违约、不良贷款发生等的金融风险。因为通过对客户在网络上积累的大数据，能够准确、高效、快速地挖掘其信用状况。

传统银行原始的基因里就没有完整的大数据积累，而大数据积累绝不是一日两日、一年两年的事情，就是阿里巴巴平台上积累的数据也不能说完整，对信用的挖掘分析也不一定完全管用，而传统银行也没有对大数据的挖掘与分析能力。怎么办？也许两者的合作是最佳出路与捷径，这是建行比其他银行棋高一着之处。

建行与蚂蚁金服战略携手具有重要的现实意义。不仅仅是让建行在新经济新金融上领先于其他所有银行，更是为中国传统银行摆脱新金融冲击，拥抱新金融，摆脱被动挨打困境蹚出一条路子。

如果面对创新，面对新经济、新金融，不是去积极拥抱，或露出羡慕眼神去尊重敬仰，而是当看到别人的创新成就与新经济、新金融势不可当时，畏惧创新，害怕变革，不愿走出自己的"舒适圈"，那结果是非常可怕的。英国的《红旗法案》即是历史笑柄，已经留下深刻教训。建行与蚂蚁金服携手拥抱新金融，说明在目前的体制下，传统银行领导的思维至关重要。

一个大型国有银行与一个民营大型互联网企业携手，瞬间把冲击化为了动力，或是中国发展新经济、新金融的里程碑事件，或给中国传统金融与新经济、新金融融合共赢乃至给中国金融改革带来新的希望。

● 中国互联网银行将引发全球移动银行业革命

以腾讯微众银行和阿里巴巴网商银行为代表的中国互联网银行正引领着全球银行业的发展方向。

为何中国在这方面的发展能远远领先于欧美国家？为何谷歌、亚马逊和脸书没能成功创建自家银行及支付系统？假如它们做到了的话又会出现什么结果？

2013 年 6 月，被称为起到"鲶鱼效应"的余额宝横空出世，仅仅 9 个月的时间，余额宝用户数就超过了 8100 万。而与此相对，当时全国活跃股票交易账户总数也才不过 7700 万。截至 2015 年 7 月底，余额宝总共积累了 980 亿美元的资产，拥有 2 亿用户。

时任阿里巴巴首席执行官的马云有言："中国的金融行业，尤其是银行业，服务了 20% 的客户，但我看到的是那些 80% 没有被服务的、该被服务好的潜在的企业，金融行业也需要搅局者，更需要那些外行人进来进行变革。"

效仿阿里巴巴，微信跟着推出了"理财通"。

所以说，作为互联网竞争对手，阿里巴巴和腾讯同时从金融市场的视角看到了在中国乃至全世界范围内的创新基准点。以支付方式为例，为了推广各自的支付系统，两大巨头都推出春节红包——马云将其比作"珍珠港偷袭"。

随着中国监管机构开始向私营公司提供申请银行执照的机会，两大互联网竞争对手也都在2015年创办了自家银行。可是，两家银行却大不相同。腾讯率先于2015年1月开办深圳前海微众银行，因监管机构对银行执照设限——它们不能开设分行，也不能办理存款业务——深圳前海微众银行的重心主要在小额贷款这一块。毕竟，监管机构不想让这些银行与大型的国有银行正面交锋。这就不难理解，在初始阶段，新的私有银行都会把注意力放在那些难以享受金融服务或根本没有储蓄的中国人身上。

举例来说，深圳前海微众银行已选择小额贷款作为首要业务，并于2015年6月和7月共贷出8亿元人民币（合1.3亿美元）。这些贷款的利率相当高，每天为0.05％，一年下来可达到18.25％。一开始，腾讯仅在QQ上提供此类贷款，不过很快就扩展到微信上。

与深圳前海微众银行类似，阿里巴巴旗下的网商银行创办于2015年6月，也是以小额储户为重点。在发布会上，该银行执行董事长井贤栋表示，"我们的使命是满足中国那些只能获得有限金融服务的企业或个人的需求"，"也是为了向小微企业提供可负担的贷款"。这听起来跟深圳前海微众银行的战略颇有几分相似，也是通过互联网专注于小额贷款。

换言之，尽管中国的银行业已经向私人市场开放，但银行监管机构还是采取了有效措施，以确保传统的国有银行免受任何直接威胁。未来情况会发生改变吗？这一切对于欧美用户来说又意味着什么呢？

答案是，我们将看到欧美国家在一定程度上效仿中国的做法，但又会有很大的不同。其中最重要的一点，中国是由新型经济体逐步发展成为大国的，多数大型公司都还是国有性质。以中国规模最大的 12 家公司为例，它们全部是国有企业，其中就包括中国工商银行、中国银行、中国农业银行和中国建设银行这四家最大的银行。

这与欧美国家的银行业结构很不相同——哪怕 2008 年银行业救市时的情况也不例外，中国监管机构对互联网银行的行为进行了严格限制。比如，通过禁止这些银行开设分行，并将互联网银行局限于信贷市场，以确保这些银行不会跟国有银行在相同领域内竞争。然而，中国的情况也透出某些有趣的细微差别，这很值得欧美国家的互联网巨头借鉴，尤其是脸书。

举例来说，尽管微信问世才不过 4 年，其月活跃用户数却已经超过 5.5 亿人。这几乎相当于日本即时通信软件 Line 的月活跃用户数的 3 倍，韩国通信软件 Kakao 的月活跃用户数的 10 倍。事实上，它只比目前最大的短信系统 FacebookMessenger（Facebook 即时通）的月活跃用户数少 1.5 亿而已。因此，微信在未来一两年里还会有何新发展，这很值得我们去探索。

通过微信钱包，微信用户可以叫外卖、买电影票、玩休闲游戏、办理登机手续、给朋友汇款、访问健身追踪器数据、接收银行对账单、交水费、听音乐或者在当地图书馆查找藏书，所有这些活动只需一款综合 App 就可以搞定。并且，它比支付宝更好，因为后者只适合于阿里巴巴的商务平台。

如今，微信钱包的妙处就在于，它就像"特洛伊木马"一样，能快速登记用户的支付凭证，此外它还可以利用这种支付能力为整个生态系统开启许多货币化良机。最近，美国著名投资公司安德森·霍洛维茨合伙人陈梅陵在安德森·霍洛维茨基金的网站上写了一篇关于微信的博客，其中就提到过这一点。她指出 FacebookMessenger 在欧美国家该如何效仿微信，并且特别强调：负责管理 FacebookMessenger 之人恰好是贝宝（PayPal）前任总裁大卫·马库斯，这绝非巧合。

要想了解美国在这方面的情况，只需想象一下：如果更多的用户将信用卡和 FacebookMessenger 连接起来，Facebook 平台上的交易量会增加多少，Pinterest（图片社交分享网站）中"购买"按钮的点击速度将会有多快，Snapchat 的用户从汇款转换为购买商品的速度又有多快，而寻求更多购物选择的推持（Twitter）用户会增加多少。从这层意义上讲，一旦微信也成功说服用户并让他们接受自己平台上的支付方式，那么它将提供一个对西方社交网络及购买行为做出潜力评价的视角。

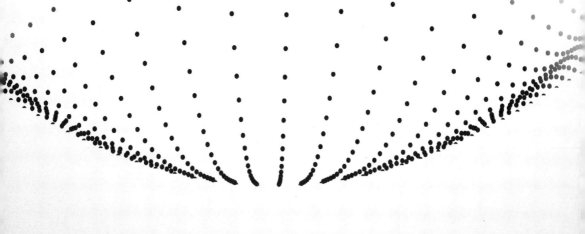

Chapter 5

05

第三方支付
"战国时代"

在全球移动支付市场,形成了三星、苹果和谷歌三足鼎立的格局。但在国内支付市场,看似支付宝、微信支付"二分天下",但它们身后还有百度、京东、快钱、翼支付等数百家支付平台,由于"网联"还未正式成立,各平台的资金"不相往来",形成"诸侯割据"之势。更重要的是,因为与支付宝、微信支付等存在利益分歧,中国银联一方面另起炉灶推出自己的二维码支付产品云闪付,另一方面与苹果合作引入 Apple Pay,以抗衡支付宝、微信支付。接下来,谷歌支付、三星支付或将接踵而来……中国移动支付市场的群雄争霸局面才刚刚开始,一切还未有定局。

第一节　第三方支付加速跑马圈地

"双11"已不再是电商平台之间的较量,其背后的第三方支付平台也在不断借机跑马圈地。

第三方支付是伴随着电子商务特别是网购发展而兴起的。阿里巴巴创立支付宝时，仅仅是为了给网络买卖交易双方提供结算服务，同时承担第三方担保职责。当初谁也没有想到，网络第三方支付结算业务竟是一块大肥肉，"躺着""坐着"都可以赚得盆满钵满。比如，第三方支付客户的资金一般作为支付保证金停滞在第三方支付平台企业的银行账户上，第三方支付企业不给客户付息，而银行却给第三方支付企业付息，仅银行利息这块收入就非常可观。恐怕马云当初都没有想到支付宝会给阿里巴巴带来如此大的利益，更没有想到今后会以此为基础开启自己的互联网金融帝国。

互联网第三方支付机构要靠把支付结算业务做大，即把量做上去后才有收入和效益，这就要求把大量的客户圈进来。支付宝之所以盈利和成长性那么高，是因为其线上活跃用户超过 4 亿人，如果按一个客户平均滞留 100 元资金计算，就是 400 亿元。而支付宝几亿客户量的基础是由淘宝和天猫上的几亿笔买卖交易形成的，先有淘宝，后有支付宝，这一点是其他第三方支付平台无法复制的。

尽管如此，支付宝还是感觉到了其他第三方支付平台带来的冲击，并开始新一轮跑马圈地，目标瞄准两个方向：海外和农村。涉农电商、大数据业务和跨境电商服务成为阿里巴巴未来重点布局领域，农村是互联网金融的蓝海，蚂蚁金服已经决定将"触角"开始伸向广大农村，支付宝必然如影随形。

与此同时，其他第三方支付平台也在扩充自己的地盘。比如，微信支付正在与多家海外电商洽谈合作，汇付天下则与国外航空公司、国外在线旅游社（OTA）合作，打开了境外航空旅游市场。不过，支付宝由于有强大的电商平台，跑马圈地相对容易一些，而其他第三方支付结算平台难度就大一些，需要付出更艰辛的努力。

● 移动支付大洗牌

中国互联网支付机构积极"出海"的同时,海外支付机构也在觊觎国内支付市场这块蛋糕,并且有金融科技武装护体,可谓"船坚炮利"。

2016 年年初,炒作了一年多的苹果支付(Apple Pay)终于在中国大陆落地。Apple Pay 进入中国大陆对于国内移动支付市场乃至整个金融市场都是一件大事。实际上,Apple Pay 进入中国或仅仅是打前锋和探路,接下来谷歌支付(Google Play)、三星支付(Samsung Pay)将会接踵而至。海外 IT 巨头傍中国银联的官方背景大举"入侵"移动支付市场,必将使得中国支付市场面临大洗牌。

目前中国移动支付市场基本由支付宝钱包和微信支付垄断。虽然中国银联推出的云闪付作为以非接触支付技术为核心的银联移动支付新标志,涵盖 NFC、HCE、TSM 和 Token 等各类支付创新技术应用,但是由于传统银行不争气,在移动支付市场节节败退,这一技术应用效果不佳。而同时,中国银联与支付宝、微信支付多次协商扫描二维码以及虚拟信用卡支付合作,但由于各自利益诉求差距太大,导致最终不欢而散。

在此背景下,苹果公司、三星电子及谷歌公司已经看到移动支付的巨大市场空间,早就对国内大陆市场虎视眈眈,多次与中国监管部门磋商进入移动支付市场事宜。而中国银联正急需寻找能够抗衡支付宝与微信支付的巨头,夺回被侵蚀的市场蛋糕,因此苹果公司与中国银联一拍即合。这就决定了 Apple Pay 进入中国大陆的最大优势是软环境,即与官方背景的中国银联合作,上有央行等监管部门的支持,下有中国银联合作的大多数传统银行支持，而且都是合作伙伴，这个良好的软环境是"支付宝们"所没有的。

从技术层面来看，Apple Pay 与支付宝、微信各自都有优劣势。Apple Pay 的 NFC 支付方便，消费者只需把手机靠近支持 NFC 功能的 POS 机即可完成支付，在支付时不需要打开客户端，也不用联网，安全性更好。不过，这种支付方式要求手机必须具有 NFC 功能，这一功能目前主要应用在各款手机的最新版本中，比如苹果手机就必须是 iPhone 6 以上的机型才支持这一功能，这就意味着不少老款手机的持有人无法享受这一功能。同时，Apple Pay 对 POS 机也有要求，NFC 支付要求必须在安装了 NFC 功能的 POS 机上完成，虽然银联在大力推广具有闪付标志的 POS 机，但是普及率还没有那么高。不过，随着社会发展，这些劣势将很快被克服。

二维码支付的优势是对手机没有要求，无论是支付宝还是微信支付，只要是智能手机就可以下载使用，用户没有更新手机硬件设备的压力。但是，二维码支付需要手机联网，在没网的地方就不能使用。当然，现在没有网络的地方特别是购物支付环境中没有移动通信信号的情况基本不存在。但二维码支付还有一个更大的弊端，就是安全问题，这也是支付宝、微信支付经常被诟病的一个最大软肋。

本来支付宝等网络第三方支付机构在线下消费支付市场的拓展就不够，如今 Apple Pay、银联云闪付强势来袭，接下来谷歌、三星也会接踵而至，它们很快会向线上支付发起进攻，中国移动支付市场将会发生火并式竞争，大洗牌在所难免。

● **Apple Pay 会成为统领一切的钱包吗？**

经过多年的犹豫和拖延,苹果终于在 2014 年 9 月公布了自己在支付领域的发展计划。苹果采用 NFC 技术,这意味着所有新版苹果手机用户今后都可以享受免触支付。

此外,随着用于指纹识别的 Touch ID 技术问世,Apple Pay 也使得处在支付业务前端的银行的地位被进一步削弱。银行已逐渐成为后端引擎,而不再是过去的前端标记。

Apple Pay 与三星及安卓系统上的同类钱包的一个重要区别就是,它能利用 NFC 芯片与现有 POS 终端进行无线的安全通信。而另一个关键点则是它能利用 Touch ID 指纹传感器来认证购买行为。使用苹果手机的照相功能,用户可以对自己的信用卡进行拍照,而相关细节便会自动添加到 Apple Pay 里。一旦该移动设备经过设置,用户只需轻触手机、按下 Touch ID 指纹传感器,就能在任何兼容的零售商的平台上完成支付。如果你有苹果手表,一切还会变得更容易,因为你仅需轻触几下表盘,便可完成这些操作。

在你使用服务的时候,苹果并不知道你买了些什么、价值多少或买自何处——这些信息会直接传递给你的银行,就连卖家也看不到你的支付详情。据称,这款支付方式的整个过程都很安全。

Apple Pay 另一个值得注意的地方是 Stripe。Stripe 于 2011 年启动,到 Apple Pay 推出之时,其估价已经高达 35 亿美元,纯粹是因为它能提供一种便捷的方式,使许多 App 支持 Apple Pay。

为何 Apple Pay 如此重要？有人说,Apple Pay 并非什么新鲜、原创事物。然而，它对于银行系统来说却是重要的包裹层。

第一，Apple Pay 用户接近 10 亿人，而且他们都有一个通过 iTunes 连接的账号。截至 2014 年 12 月，iTunes 账户数量超过了 8.85 亿，而且还在以每半年 1 亿个的速度增长。这无疑是个很好的起点。

第二，它来自苹果。苹果总会有办法收购一些看似毫无用处的东西，然后让它们起死回生。MP3 播放器便是个很好的例子。还记得苹果手机刚刚推出时，所有人都觉得诺基亚的地位稳如泰山吗？2009 年，诺基亚的品牌价值仍高于谷歌和苹果，可如今它已经不复存在，反倒是苹果被认为无懈可击。当然，也并非无懈可击，只不过苹果确实处于极其强势的地位，而且配合了苹果手机及 iTunes 钱包的 Apple Pay 还可能成为行业主导者。

第三，苹果配有用于安全进入及访问的 Touch ID 和 PIN 等附加特性。如果再加上 SIM（客户识别模块）卡识别、地理定位跟踪，以及手机丢失后的自动上锁功能，那么你的设备可谓相当安全。

第四，它采用了 NFC 技术，这意味着你会拥有一个真正的钱包。集成 NFC、Touch ID 以及地理定位等，全都被包含在一个已有的 iTunes 账户内。这也是个良好的开端。

第五，同时也是最重要的一点，决定用户是否使用 Apple Pay 的关键就在于，它能否免除在其他 App 上登记信用卡或预付详情的必要。客户为什么非得先后在星巴克、优步、易贝和爱彼迎等 App 上一次次加载支付信息呢？这就需要一种 App 将它们全部关联起来，而 Apple Pay 就是这样一个 App。Apple Pay 汇集了所有 App 的支付服务。这简直是个梦想，但 Stripe 等公司通过自己的 API 让梦想变成现实。

以上 5 个因素均对苹果有利。一直以来，许多公司都在拼命竞争，可至今也没有一家能攻占该领域。因此,长远的愿景便是:苹果将会开发出最理想的移动钱包。移动钱包与智能手机捆绑在一起,而且已经很快跨越到了手表上。该手表以心跳而非指纹作为认证指标,同时还引入了语音识别生物测定等技术。未来的可能场景是,当你四处转悠,然后看中了什么东西时,只需要对购买行动说"是"或"不是"就可以。钱包随时在你的手腕上,能让你不停地查看余额、支付能力、消费记录及所处位置等,而实际采购模式则是隐形且非干扰的。

Apple Pay 就会像手表或电话那样成为生活中的一部分,只要你跟周围事物建立连接,它就会马上出现在云里,环绕在你周围。于是,你根本不必为了加油而下车,你的 Apple Pay 会直接帮你付钱,而你只需轻吐一个"是"来确认数额;家里的电视机会预订你爱看的电影或连续剧,如果你对某个特定的节目不感兴趣,订单也可以被取消,然后相关费用也会自动退还。换言之,你甚至连想都不用想,就能看见一切都汇聚到了某处。

关于 Apple Pay 的下游产业,这也正是最有趣的一点:假如 Apple Pay 果真变成最理想的钱包,然后所有顾客都纷纷开始换成采用 NFC 技术的移动钱包,而非配有电子识码器或 PIN 的信用卡……到时候苹果能建立起自己的支付机制吗?一旦 Apple Pay 系统寻找到银行合作伙伴(只要它有此需求),你就再也用不上贝宝、维萨或万事达卡,有了 Apple Pay 就够了。

● Apple Pay"联姻"支付宝是双赢

虽然苹果公司在中国大陆刚刚推出 Apple Pay,市场还非常小,基本处于探索阶段;但千万不要忘记,苹果有强大的技术支撑,有超过任何公司的"果粉"群体,在移动互联网中的老大地位很难被撼动,在这个基础上发展移动支付是水到渠成,很快就会成气候。这必将对包括支付宝在内的中国互联网第三方支付企业形成巨大挑战,其竞争力是任何公司都不敢轻视的。

苹果宣布推出 Apple Pay 后,笔者第一感觉是"支付宝们"的最大威胁来了,它们该怎么应对?令人意想不到的是,马云、库克两位巨头竟然闪电般频繁接触,已经进入了谈论 Apple Pay 联姻支付宝的阶段。

这里先来厘清一下 Apple Pay 的概念,可能会有人误以为 Apple Pay 是跟支付宝一样的第三方支付平台,非也。Apple Pay 是苹果推出的一套利用 NFC 近场通信技术,并使用 Touch ID 指纹信息进行身份验证的一整套的支付服务体系,用户只需要把自己的银行卡输入手机即可完成绑定,支付时用户直接把手机靠近收款终端,用户直接和银行进行对接,Apple Pay 不向商家提供信用卡卡号,也不存储任何的银行卡信息,也就是说,苹果是完全的第三方,只是提供一整套技术,实现了结算信息传输。结算环节还是商家、用户、银行之间的事情。

假如支付宝等第三方支付公司未能接入 Apple Pay,而是让银行卡直接与商家的收单终端对接,这样就省去了一个中间环节。因此,从这个意义上来说,如果 Apple Pay 不和支付宝合作,那么 Apple Pay 对银联构成利好,对支付宝构成利空。

Apple Pay 联姻支付宝,不但对苹果和支付宝而言是双赢,对消费者来说也是好事情。

对于苹果而言,毕竟刚刚在国内市场推出 Apple Pay,其最大的难点在于培育市场,特约商户是其市场营销的最大难处。没有特约商户,Apple Pay 就没有用武之地。而特约商户营销在市场几乎饱和的状态下,零起步拓展难度很大。同时，中国金融市场包括支付市场的监管是相对保守的，开展支付业务必须获得第三方支付牌照，但央行目前并未对海外企业开放申请，因此监管政策壁垒也是其进入中国最头痛的事情。

支付宝是中国最早获得央行第三方支付牌照的企业，也是国内金融科技的巨头。同时，其市场份额非常大，目前活跃用户数超 4 亿，特约商户群体也很大，并且扩展迅速。苹果与支付宝联姻，意味着苹果可以直接获得支付宝超过 4 亿的庞大用户（而且都是深度互联网付费用户）和庞大的特约商户，还可能绕过监管部门的准入和监管，从而使得 Apple Pay 迅速在中国市场普及。

之前，苹果用户只能用信用卡进行线上支付，这在中国严重水土不服，导致各大应用开发者对苹果生态的支付体系怨声载道。将来，Apple Pay 不仅可以借支付宝快速推广 Apple Pay 的线上支付，提高苹果体系的付费率和支付成功率，大幅度改善开发者的生存状态，而且，基于这个优质的互联网付费用户群体，培养消费者形成使用 Apple Pay 线下付费的习惯也是非常容易的，比慢慢等待传统用户绑定银行卡要快得多。

对于支付宝而言，苹果 iPhone 6 拥有 NFC 和指纹识别等最先进的移动支付技术和终端条件，这是支付宝移动支付不具备的。与苹果联姻之后，将来消费者线下消费的时候，可以不用扫码而直接使用 Apple Pay 触碰付费，付费流程时间更短、更便利。而支付宝的软肋是海外主流人群并不一定清楚其品牌，所以提高自身的影响力是阿里需要解决的问题。因此，支付宝联姻 Apple Pay 的更大意义在于，不仅在中国，甚至在全世界，支付宝都将成为移动支付的超级航空母舰，没有任何力量能够撼动。

对于消费者来说，未来将可以在 App Store 中使用支付宝支付购买 App，可以在 iHealth 用支付宝挂号等。总之，支付宝是你在 Apple Pay 中跟银行卡并行的一个虚拟钱包账户。还有，因为 Apple Pay 的离线付费特性，消费者付费的时候也无须联网，从而提高了支付安全性。

总之，Apple Pay 联姻支付宝是各取所需、优势互补、1＋1＞2的双赢战略。

● 微信与苹果大战是在争夺什么？

"2017 年 4 月 19 日 17：00 起，iOS 版微信公众平台赞赏功能被关闭。"——2017 年 4 月 19 日下午，微信第一手官方活动信息发布公众号"微信派"发出这一则"遗憾通知"。

最新数据显示，过去一年，中国市场的 Android 系统用户数量增长了9.3％，从 77.1％到 86.4％；而 iOS 系统的份额下滑了 8.9％，从 22.1％降至13.2％。就按照这个新的市场占用率，10 个移动智能手机持有者就有一个多人无法完成对微信公众号文章的打赏。同时，笔者在微博文章上用大数据分析，发现使用苹果手机点击查看文章者始终位居第一位。

微信在"遗憾通知"中称，关闭的原因是受到苹果公司 IAP 机制（in-App Purchase，应用内购）的影响，微信与苹果方面经过"长期沟通协调"，最终选择将 iOS 版微信公众平台赞赏功能调整为通过二维码方式转账。

IAP 机制的应用内购是指通过苹果手机的内置支付系统支付打赏资金。通过这种方式支付，苹果会向 App 开发者抽取 30％的平台佣金。回头从打赏功能看，如果一定要按照苹果规则进行"打赏"，那么会出现这样的场景：用户给了 10 元小费支持作者，苹果拿掉 3 元佣金，作者在经过漫长的结算周期后拿到 7 元。用户在发起 10 元小费支付请求时，很可能选择支付宝支付。

微信与苹果大战其实是一个四败俱伤的结果。微信支付被苹果阉割,打赏功能被缩小;苹果将会因此失去一部分客户;最终受害最大、损失最大的是微信公众号作者;打赏客户体验被二者大战影响而大幅度降低。

现在看来,微信想绕道刷"二维码"打赏的路径也被关闭。苹果强调的"使用内购系统"已经是司马昭之心、路人皆知了。

面对这一微信与苹果大战的局面,有分析认为,微信支付提供的赞赏按钮其实就是"外部链接",而建议用户使用二维码支持公众号作者的过渡方案则是"使用其他行动号召用语"。如果违反了苹果的规则,苹果有权对 App 作下架处理。双方在此事上的分歧,在于赞赏行为是否属于购买服务。微信倾向于认为这是读者鼓励原创作者持续创作而给予小费的行为,苹果则认为,这是读者购买文章阅读的行为。购买行为就必须走其内购支付系统。

以上的争论其实只是表象而已,其背后真正的目的在于争夺移动支付市场份额。苹果诉求更加强烈一些,因为苹果的移动支付上线后一直不景气。

数据显示,目前在移动支付市场中,支付宝钱包与微信支付占据了 95% 的市场份额,留给苹果及其他所有商业银行的份额仅剩下 5%。在这种情况下,苹果岂能袖手旁观?

实际上,在苹果手机进军移动支付市场时,笔者就曾预言,其与中国银联、几家大型商业银行的合作,前景不妙,或一开始就意味着失败。不幸被我猜中。仅苹果支付与银行卡的各种"绑定",其客户体验就非常差。

苹果之所以使出"吃奶"的劲来阻止强大的竞争对手微信支付,其背后实际上是因为微信支付的疯狂崛起,对此苹果看在眼里,急在心里。苹果推出的 Apple Pay 在中国几乎被消费者忽略,而中国的微信和支付宝初步培育了用户"无现金"消费社会。这种趋势就是强大的苹果或许也无法阻挡。

苹果 App Store 希望通过控制分发和支付两个水闸，来掌控整个产业链，但这两个闸口，注定是无法垄断的，尤其是支付。因为客户可以选择支付宝或微信支付。

有分析认为，苹果此番博弈的意图是告诉腾讯："iOS 永远是我的地盘，我甚至可以找个理由让微信下架，别做威胁我的事。"但这已经是一个非常落伍的思维。无论苹果多厉害，谁看不到去中心化这个世界大势，看不到点对点就是未来，谁就会很快日薄西山。

在这场新经济、新金融革命迅速到来之际，谁阻挡，谁就将被市场踢出局，被客户抛弃。在支付革命、金融科技迅猛到来之时，寻求合作是出路，想方设法服务客户、每时每刻顾及客户体验、以客户为中心是唯一制胜法宝，除此之外都是死路一条！

第二节　移动支付潜力有多大？

2015 年 2 月，央行发布《2014 年支付体系运行总体情况》的报告。研究这份报告就会发现，作为互联网金融重要组成部分的网络支付对传统金融机构和传统支付方式的冲击之大完全超出预期和想象，而一片颓废的传统银行等金融机构的支付方式凋零之快也出乎所有机构的预料。

数据说话，央行上述报告显示，2014 年，网上支付业务 285.74 亿笔，金额

1376.02 万亿元,同比分别增长 20.70％和 29.72％。2014 年,支付机构累计发生网络支付业务 374.22 亿笔,金额 24.72 万亿元,同比分别增长 93.43％和 137.6％。2014 年网上支付与前几年一样,继续保持 20％甚至 30％以上的增速,特别是支付金额增速比全国 2014 年非现金支付业务增速快 16.67 个百分点。这标志着网上支付由注重笔数"量"的增长,开始转变为注重实际交易金额"质"的增长,并且这种质的增长是跳跃性的。网上支付过去仅作为支付结算系统的补充,如今已开始"喧宾夺主"了。按照这个速度发展下去,互联网金融的网络支付很快就会替代传统金融机构支付方式而成为主流结算支付工具。

网上支付成为主流的背后是支付结算生产力的大解放和大提高。人们以前为了结算而跑到实地的银行网点去排队,不仅费时费力不安全,效率还低,服务质量又差,甚至还要遭受白眼。现在只要在网上敲一下键盘,瞬间就可以完成经济活动中的几乎所有结算支付工作,何乐而不为?

不过,网上支付也有局限性,虽然不受银行物理网点之限制,但却受 PC 电脑普及程度和物理空间的制约。怎么办呢? 不受时间、空间约束的移动支付应运而生了。随时随地、每时每刻、不受任何地点限制,只要动一下手指,就可以完成一切支付结算交易,移动支付不仅革了传统金融的命,也在革传统 PC 支付结算方式的命。

央行报告显示,2014 年移动支付业务 45.24 亿笔,金额 22.59 万亿元,同比分别增长 170.25％和 134.30％。比 2014 年全部非现金支付结算的笔数和金额同比增速,分别高 145.14 个百分点、121.25 个百分点;比全部网上支付结算的笔数和金额同比增速,分别高 149.55 个百分点、111.38 个百分点,差距之大简直令人咋舌。同时,移动支付的潜力非常大,后劲非常足。截至 2014 年 12 月,中国网民规模达 6.49 亿,手机网民规模达 5.57 亿,手机支付用户规模达到 2.17 亿。与网民数对比，移动支付客户还有 4 亿多的潜力可供挖掘，与手机网民数相比较有 3 亿多。未来移动支付客户将会呈现几何级数式增长，这绝对是一块大蛋糕，怪不得网络红包大战厮杀得如此激烈。

就在网上支付特别是移动支付大幅度增长的同时，传统银行等金融机构的支付方式呈现出全面下降的颓势。2014 年，票据业务量的笔数和金额分别卜降 16.56％和 6.16％。银行卡发卡量增速放缓 2.10 个百分点，其中借记卡增速放缓 2.16 个百分点、信用卡放缓 1.58 个百分点。每台 ATM 机对应的银行卡数量较年末下降 0.95％；每台 POS 机具对应的银行卡数量较 2013 年年末下降 21.72％。银行卡交易金额同比增速放缓 16.01 个百分点，全国银行卡笔均消费金额同比下降 12.55％。

支付结算作为银行三大主体业务的地位已经不保，这个蛋糕份额正在急剧缩小和下降。怎么办？传统银行要彻底放弃一些无谓的争论，彻底放弃打压互联网金融的歪招，乖乖地承认现实，面对挑战，快速拥抱互联网科技，这是唯一正确的选择和出路，舍此别无他途，只能坐以待毙。

● 一个支付牌照转让价炒到五六亿元

2016 年 8 月，恒大集团完成对广西集付通的收购，曲线获得了支付牌照，此次收购价格在 5.7 亿元左右。同期，美的集团收购深圳神州通付的事项也已经完成了 50％股权的变更，交易价格为 3 亿元。

一个支付牌照炒到五六亿元，相比 2015 年上涨了 10 倍，原因何在？在这背后，是央行公开宣布停止第三方支付牌照审批。在审批制下，停止审批意味着牌照越来越稀缺，如果允许转让的话，价格必然扶摇直上。

从市场分析,从金融业全球化发展趋势看,互联网金融、金融科技的发展势不可挡,整个金融业向互联网特别是移动互联网上转移是毋庸置疑的,而第三方网络支付系统必将是互联网金融的"马前卒"。这个市场虽然暂时形成了支付宝、微信支付等赢者通吃的局面,但如前文所述,市场格局仍不稳定,蛋糕仍然很大,挺进网络第三方支付行业为时不晚。这就是大企业不惜重金收购支付机构的原因,从长期市场看,五六亿元的代价并不高。

不过,从短短一年价格上涨 10 倍的速度来看,绝对是不正常的,其背后反映的是深层次矛盾。一个显而易见的原因就是,价格暴涨是计划经济思维下审批制的产物。此前,笔者获悉央行停止审批后就产生过疑问。为什么停止审批?网络第三方支付机构多了少了,由什么决定? 在市场经济体制下,多了少了,应由市场说了算。市场上只要有需求,或可以说此类东西就不多;此类东西如果多了,市场的无形之手自然会将其淘汰。随意叫停,不仅对市场造成巨大损失与伤害,而且背后或将产生疯狂寻租空间、疯狂炒作的现象,最终将导致市场被彻底扭曲。第三方支付牌照被爆炒,一年价格上涨 10 倍,警示我们审批制度的弊端越来越大,必须清除不必要的审批事项,下壮士断腕之决心削减审批项目,彻底放权于市场。

另外,笔者认为,央行或应该尽快出台禁止第三方支付机构牌照转让的规定。金融是一个特殊行业,金融企业是特殊企业,这是严管或严格审批金融机构的原因。金融行业对专业性要求非常高,在审批过程中,一系列准入条件要求非常严格,但金融牌照一旦被转让,新主人的金融条件不一定合格,那么风险必将会暴露出来。因此,不只是第三方支付,所有金融机构都不应该在市场公开转让或出售牌照。

● 各行各业都使用二维码收款了

据英国《泰晤士报》网站 2017 年 4 月下旬报道,中国山东省济南市的一名乞讨者胸前挂着二维码的照片出现在社交网络上,让人啧啧称奇,此人是济南市多名接受非现金支付的乞讨者之一。此前国际媒体曾经屡次报道中国大街上乞丐乞讨时使用支付宝钱包与微信支付二维码的消息。

最早报道乞丐用二维码乞讨的是深圳市。据说在深圳市过街天桥上乞讨的乞丐旁边放着支付宝钱包与微信支付两张二维码,让施善者扫描行善。据说这个主意是一家媒体的记者给其出的。

2017 年 4 月下旬阿里巴巴集团董事局主席马云在郑州中国绿公司年会上演讲时,透露出杭州大街上乞讨者也有使用二维码乞讨的。

大街的各个角落都广泛使用二维码支付,背后折射出的是中国经济金融的一个深层次转变,一个观念上的化学反应式的升华;折射的是中国经济金融在互联网特别是移动互联网、大数据、云计算、人工智能等工业 4.0 时代下的探索与进步。

中国的移动支付更加折射出互联网金融、金融科技是真正的普惠金融。试想,连乞丐都享受到了二维码支付的实惠便利与高效,还有什么行业是移动支付不能覆盖的呢?

传统金融特别是中国传统大型国有银行主要服务什么? 又普惠谁呢? 主要服务在所有信贷需求客户中最有财富实力的那 20％客户,这 20％的客户给其贡献了 80％的利润。传统金融根本不会去或者说不会去主动服务 80％的客户。这就是所谓的二八定律。试想,对大客户或者说大存款户,银行不仅高接远送、笑脸相迎,而且还给其优惠的存贷款利率以及贵宾 VIP 服务。而对于 80％的小额账户,银行还要收取小额账户费用。

在传统大型银行长期垄断市场的情形下,中国的征信制度不健全,普惠金融缺失,最终使得中国经济金融出现了严重的结构性问题。在这种金融体制下,依靠传统金融机构推动与发起的金融改革,很难取得成功。因为既得利益者太强大,抵触情绪与力量太大。长期存在的中小微企业融资难、融资贵问题不能解决就是证明。

怎么办? 必须依靠技术创新、进步来推动体制变革。最值得庆幸的是,随着中国互联网特别是移动互联网的大发展,应运而生的互联网金融、金融科技,其与生俱来的普惠性、平等性使得中国金融业焕然一新,迅速引领世界新金融发展的潮头。

互联网特别是移动互联网的普惠性决定了未来的金融必须是普惠的,让每个人有平等的机会,而技术正让普惠成为可能。技术创新与进步使得普通人与企业家们得到的金融服务是一样的,就像扫描二维码支付一样。

扫描二维码支付更为便利,诸如此类具有创新前景的普惠性金融正在全球发生。那就是去中心化的区块链技术正在被斥巨资研发,甚至正在被投入实业应用之中的原因。全球科技发展的趋势是去中心化。就金融本身来说,区块链技术的发展使用不仅仅是颠覆传统金融的问题,而且连微信、支付宝钱包等这种中心化的产物也将被颠覆,也将会成为传统金融。

一旦区块链技术被应用到普惠性的日常支付之中,那么在去中心化趋势下金融活动与交易或将更加简单高效。那时,人人都是金融人,人人都既是资金融出者又是资金借入者。这些金融活动都是在去中心化下点对点、一对一地直接完成,没有银行作为中介,也没有支付宝作为中介。那时的金融普惠性更强了。社会没有闲置资金资源可以浪费，也没有多环节交易，资金配置真正达到了高效化，那才是真正的直接融资。

仍是发展中国家的中国，连乞丐都使用上了二维码，说明以互联网、移动互联网、大数据、云计算、智能化、物联网等为特征的工业 4.0 的一个特点是其跨越性，即只要紧紧抓住互联网特别是移动互联网这个核心做足文章，就会跨越几个阶段，实现全球超越。

一个国家是这样，一个资本，一个自然人，也是如此。这个时代只要紧紧抓住工业 4.0 的机会，只要紧紧在移动互联网上做足文章，就一定能够创业成功，事业有成！

● 全球移动支付第一股的启示

2015 年 11 月，美国移动支付公司 Square 在纽约证券交易所（NYSE）正式挂牌。虽然 Square 公司估值相比上市前一年缩水 1/3，但笔者认为这只是暂时的。这是由于其他支付公司的竞争以及科技股 IPO 市场可能步入长期下行趋势等造成的，这些原因都不足惧。总体来说，全球互联网金融、金融科技发展还处于萌芽期，移动支付也在初始期，目前竞争并没有那么激烈，还是一片蓝海。

另外一个原因倒是 Square 公司的硬伤，即其业务模式。Square 的核心业务是信用卡付款处理服务。Square 按照每笔交易总支付额的一定比例收取费用，然而，这笔费用必须与银行、信用卡公司及其他相关方分享。早期，Square 实际上在处理的每一笔交易上都亏钱，但他们的经济状况随着时间的推移好转了。不过，这种模式事实上迫使 Square 必须走"以量取胜"的路线，必须通过创造足够的营收来证明自身估值的合理性。这种业务模式决定了Square 很难赢利,而且前景黯淡。因为其本身收费就少,还需要与银行、信用卡以及其他相关方分享,收入瓶颈制约很大。更主要的是,随着移动支付包括虚拟信用卡支付的推广,信用卡付款业务正在大幅度萎缩。Square 在这个领域寻求业务和利润增长点似乎很难。这种"硬伤"也许是其估值下滑的主要原因。

Square 移动支付业务模式应该转型,最佳路径是转到类似中国的支付宝钱包、微信支付等这种业务模式上,或者开辟虚拟信用卡支付业务,转到类似苹果支付和谷歌支付的业务模式上也不错。否则,Square 很难咸鱼翻身。当然,需要肯定的是,Square 的移动支付领域前景是广阔的,只要方向对了,业务模式的转换和调整应该不难。

Square 成为移动支付第一股给中国很大启发,中国独创的互联网金融正在被美国追赶。继苹果支付进入中国之后,三星支付、谷歌支付等都在大力度推进,觊觎中国市场已经很久。据传,谷歌支付为了打进中国市场,不惜向中国相关规则妥协。

全球高科技实力最强的美国已经在金融科技领域跑马圈地,相信很快就会令中国金融科技企业生畏。美国不仅有高科技领先优势,而且有支持任何企业发展的、十分便利高效的、高度发达完善的融资市场,强大的科技支撑与高效快捷的融资功能结合在一起,绝对能够产生"核聚变"。这是任何其他国家、其他企业都不敢轻视的。比如,移动支付第一股本应该在中国企业中产生,但却产生在了美国。这就启示中国,一定要对中国创新出的互联网金融模式格外呵护爱护,切不可反其道而行之。

● 中国移动支付"出海"正当其时

得知支付宝与微信支付正加紧布局北美市场，笔者的第一感觉是早就应该布局了。之所以会有"正当其时"的感觉，是因为笔者的一个亲身经历与体验。

2017年年初笔者有幸到欧洲考察。一个惊奇的发现是在购物退税时，欧洲的商店几乎所有营业人员都提醒我们可以使用支付宝，而在机场窗口，蓝眼睛白皮肤的美女服务员对支付宝退税程序非常熟悉。不过，令人遗憾的是，在欧洲至少在西班牙、意大利等国的商场里购物以及各种消费却不能使用微信与支付宝支付。

在与当地百姓的交流座谈中，他们都无比羡慕中国电商平台、快递物流、互联网金融特别是移动支付的发展与普及，也非常迫切希望将其引进本地。

此前，我们总是习惯于仰视欧美发达国家。不过，这次亲身体验与感受后发现，在互联网特别是移动互联网为基础的新经济、新金融上，中国确实超越了欧美。这是多么不容易的事。

中国互联网金融、中国移动支付确实走在了最发达的美国前面。在美国，移动支付的普及程度远不及中国。根据艾瑞的数据，2016年，中国移动支付交易总额达到38万亿元人民币（约合5.5万亿美元）。而统计机构Forrester数据显示，美国2016年的移动支付交易总额仅1120亿美元。这也说明，中国移动支付应抓住机会，尽快向欧美市场拓展。

只要中国移动支付能够更快抢占欧美日等市场，那么接下来走进其他国家和地区就是水到渠成了。毕竟欧美日是发达体，如果这些发达体能够接受的话,那么对全球其他国家和地区是有示范效应的。

如果支付宝、微信支付能顺利走进美国,相当于就抓住了中国移动支付布局海外、走向全球的先机。相信移动支付的极度便利性、高效性以及安全性,会让对高科技技术特别钟爱的美国人以及赴美的中国各类人员非常感兴趣,推广和普及起来也非常有优势。

对于互联网电商、互联网金融、科技金融等的新经济、新金融模式,就笔者本身来说也存在认识不足的问题。比如电商在中国大发展后,远远领先于美国。这时就有专家包括业内大腕级人士说,主要是因为美国商业零售发达规范,所以不需要电商,而中国零售行业相对不发达、不规范,才给电商提供了更大的发展机会。这个观点其实是给美国找回面子而已。试想,电商平台为何能够让商户与消费者接受呢?主要是因为它没有国界边界,又每时每刻、没有地点空间约束的极度方便性、时效性,消费者看中的是这个。如果线下实体店能够做到消费者不出家门就可以购物消费,那么人们就不会选择网购。这才是问题的实质与根本,而不是什么美国商业零售发达。亚马逊迅速在美国崛起,股票市值持续上涨,让股神巴菲特都佩服得五体投地,不就是最有力的证明吗?不就是对上述观点最有力的回击吗?

对互联网金融的看法同样存在偏颇。当看到中国互联网金融发展得如火如荼时,一些喝了几天"洋墨水"的专家却说,美国就没有互联网金融,中国的互联网金融走不远。同样找出所谓美国金融业发达,不需要互联网金融之类的说辞。但美国在移动互联网支付上远远落后于中国,这是显而易见的。

中国移动支付一定要加快布局海外,迅速占领全球,成为全球性移动支付的第一工具,这样或许谁都"拿你没有办法"了。

当然支付宝与微信支付除了进入全球市场外,加速收购国际性的海外结算支付公司也是一条出路。蚂蚁金服已支付12亿美元，收购美国转账服务商MoneyGram International，又与美国支付业务服务商First Data Corp达成合作协议，可帮助用户在美国商户购物，这项合作主要是针对每年到访北美的400万名中国消费者。腾讯公司也宣布与美国硅谷移动支付平台Citcon建立联盟关系，以推动公司的微信支付进入美国市场。此次合作也是专门针对出国旅游的中国消费者。

第三节　第三方支付，中国领先世界

中国以互联网特别是移动互联网为主的新经济、新商业业态究竟发展如何？也许正应了那句话："不识庐山真面目，只缘身在此山中。"从外部世界来观察中国新经济、新商业业态发展，也许感受得更加真切。

近期，笔者有幸在欧洲，确切地说是在南欧逗留了一段时间。在西班牙、意大利等国的华人，对中国电子商务、物流、支付等依托互联网特别是移动互联网的新经济，一方面了如指掌，另一方面则大多表露出"羡慕嫉妒恨"的心态，特别对南欧诸国电子商务、物流、支付等发展滞后，效率低下，办事难，守旧落后等现状显示出无奈。逗留期间笔者也真切感受到了移动上网网速之慢等诸多不方便。随行的一位经常往来于中国与南欧的人士深有体会地感叹说："还是中国好啊。"当然他主要指的是互联网新经济的快速发展给中国民众带来的无比便利性和高效性。

笔者亲身体会的是,在巴塞罗那、罗马、佛罗伦萨、法兰克福等机场办理购物退税时都可以使用支付宝,只要给出账号(往往都是手机号)与姓名即可,非常方便。支付宝等第三方支付方式在南欧可谓商家皆知。这一点着实令人震撼。

在南欧发达地区的体验,使笔者更加坚定了中国以互联网和移动互联网为主的新经济已经走在世界最前列的观点。这其中非银第三方支付业务发展绝对是世界领头羊。

中国距离无现金交易时代越来越近

参考消息网 2017 年 3 月 16 日报道称,中国是最先使用硬币的国家之一,几个世纪后还发明了纸币,但它的下一步行动可能是彻底抛弃硬币和纸币。

原因非常明了,即中国非银第三方支付特别是移动支付主要是手机支付迅速发展。有两个调查数据可以佐证中国纸币市场地位的弱化:一项最新调查显示,70%的中国网民表示他们不再需要每天支付现金;在中国超过 7 亿的网民中,大约 60%的人通过手机来进行支付,常常是通过两个最受欢迎的支付平台——腾讯微信和阿里巴巴的支付宝。学者预言,无现金交易或在 5 年内成为中国人的首选,也即 5 年内现金或将退出市场。

中国作为世界第一人口大国、全球第二大经济体,如果实现国内无现金交易支付,那意义非常重大。此前报道北欧一些国家准备进入无现金交易社会,不过这些小国或不具有代表意义和普遍性。中国的情况就不一样了。中国进入移动支付和无现金交易社会,对全球金融乃至经济影响带来的变革非同小可,提升经济金融交易的方便性、高效性,促使经济资源配置效率大大提高,无形中将创造非常巨大的价值,届时社会经济金融安全领域的反洗钱、反贪污、反腐败、反贿赂等工作都可以开展大数据追索。一个小小的支付革命,意义却非常重大。

许多年以前,中国人羡慕欧美国家信用卡极度普及,企业经营与个人消费都是大量地使用无纸化的信用卡。但让欧美发达国家没有想到的是,一个互联网商业应用,让中国一夜之间逾越欧美无数个发展阶段,迅速迈入移动支付时代,实现了无纸化支付交易的快速发展。

互联网诞生于美国,手机最早也是出现在美国,苹果手机在全球智能手机领域至今仍处于重要地位。但美国万万没有想到的是中国在移民互联网的商业应用上却将其发挥到了极致。作为全球第二大经济体,中国电子商务的发展状况让其他国家相形见绌。亲临欧美国家才能真切感受到他们网上购物与物流快递的低效,也才能对比出中国电子商务发展之快、物流快递之高效与便利。在欧洲看到蓝眼睛白皮肤的外国人对中国电子商务与物流快递等新经济发展之快表示出"羡慕嫉妒恨"时,作为中国人自然非常骄傲与自豪。

还是那句老话,经济决定金融,有什么样的经济就需要什么样的金融。互联网新经济的快速发展就需要高效便利的新金融来服务与支撑。移动支付就是适应移动互联网经济业态的发展趋势而自然而然诞生的。

可以举几个例子来佐证中国移动支付发展之快。北京街头颇受欢迎的快餐食品煎饼果子售价为4元人民币,小贩们推着三轮车卖煎饼果子,让顾客通过二维码来付账;菜场里卖菜大妈的菜摊上也放置着二维码扫描支付;深圳乞丐也用一个纸牌子上贴着微信与支付宝二维码,让施善者扫描支付。当普罗大众都在使用移动支付时,未来5年中国实现无纸化无现金交易还有悬念吗?

从打车、就餐、医疗、支付水电费、超市购物、付停车费、音乐会购票、高铁购票到公共汽车售票,中国的无现金移动支付渗透率越来越高。

在中国有句话是,什么都不怕,就怕手机没电。人们已经离不开手机,用手机支付可以省去找零或刷卡签字的麻烦。反过来,钱包与信用卡也将面临淘汰出局的命运。

聪明的中国人把互联网特别是移动互联网的商业应用发挥到了极致,令全球艳羡,这也成为中国经济发展的最新最大推动力。

总之,中国无现金交易时代将很快到来!

● 指纹支付解决移动支付的"数字烦恼"

以互联网新技术引领的新经济、新金融业态快速发展,经济交易活动日趋频繁,对传统经济金融带来了革命性的颠覆,主要表现在资源配置和交易效率呈现几何式提升,并打破了时间、空间、地域限制,甚至把国际经济金融活动缩小到"地球村"和"手掌心"的范围里。不过,随着经济金融以及各种社会活动都往互联网平台上"搬家",在高效、便捷的同时,也暴露出一些新的问题。"数字烦恼"就是其中之一。

网络上的一切活动都需要用户名、密码,有时一个交易手段,比如银行卡、网络第三方支付在查询、支付、进入界面时甚至需要几个密码,并要求不能重复,这对于年轻人尚且可以应对,而对中老年人就很麻烦。网络活动越来越多,特别是真金白银的网络支付活动与日俱增,对中老年人来说,能够记住众多用户名和密码不是一件容易的事情。以往在银行柜台,常常出现中老年人取款付费时忘记密码、踯躅于窗口的情形,金融科技时代不应该让这一幕重现。

同时，数字密码用于一般网络注册使用尚可，而用于网络支付、银行卡支付等方面，安全性就大大不够了，密码一旦被破译，款项就很容易被盗。安全性问题一直是网络支付最受诟病的话题，也是让监管部门不敢放松。

在这种背景下，指纹生物性支付识别系统应运而生。

相比于数字密码，指纹具有唯一性、稳定性和难以复制等特点，安全性更高。更重要的是，指纹支付系统的最大优势是方便，因为没有了记忆过多数字密码的烦恼，所以更适合中老年群体。随着中国老龄化社会进程加快，指纹支付的方便性惠及的客户将越来越多。同时，指纹支付比输入数字密码要高效快捷许多，在指纹传感器上轻轻一摁，支付即可完成。

笔者认为，集安全、稳定、方便、高效于一身的指纹支付，是任何其他支付手段都无法比拟的。支付行业有一个共识是，生物识别将引领移动支付的浪潮。2014 年 7 月，支付宝钱包试水指纹支付，在国内开启了移动支付的生物识别时代，开启了新一波的科技浪潮。希望其他移动支付企业迅速跟进，研发更多的生物识别系统。生物识别系统在许多领域都已经很成熟，把其嫁接到网络移动支付上，从技术上说应该不是难题。

互联网新经济、新金融诞生于最伟大的创新，而这种创新不是一蹴而就，也不是一劳永逸的。先入为主的互联网企业、金融科技企业也必须不断创新，否则很快就会被超越、被淘汰。柯达公司黯然退场，败在创新不足上，苹果公司面对竞争日趋激烈的电子消费品市场能岿然不动，原因同样在于不竭的创新动力和创新产品。创新是让一个企业能立于不败之地的永恒主题。

金融科技"智"取
财富管理

财富管理类别的金融科技公司,大家最熟悉的可能就是 P2P 平台。2015 年 12 月 18 日,宜信公司旗下 P2P 平台"宜人贷"在美国纽交所上市,成为纽交所的中国互联网金融第一股。

除此之外,保险类的金融科技公司通过新型的精算统计模型,为被保人创造更多价值。比如 2011 年在美国旧金山成立的一家汽车保险机构 Metromile,就摒弃了传统保险公司根据车主的行车记录、驾龄、汽车车型等计算保费的方式,而是让车主为每公里所行距离上车险,这样就为开车少的人省下了更多的保费。

然而,作为金融领域极其重要的证券板块,互联网证券却在 2015 年短暂亮相之后又一次销声匿迹。为什么金融科技在证券领域缺乏能够吸引市场关注的热门应用?互联网证券有无爆发的可能?

第一节 "宜人贷"赴美上市刮出啥风向?

2015 年 12 月 18 日,宜信公司旗下 P2P 平台"宜人贷"在美国纽交所上市,成为纽交所的中国互联网金融第一股。P2P网贷,这个监管机构步步紧逼、投资者谈虎色变的敏感行业,说它处于金融风险的风暴中心一点都不过分,没想到竟然传来"宜人贷"赴美上市的消息,着实让人有些意外。

"宜人贷"在非议众多的P2P网贷行业,无论是从经营稳健程度还是近期业绩来看,都堪称业内的佼佼者。它赴美上市带给各方的思考是,P2P网贷经过粗放式、高风险发展后,开始进入"冷静期"和规范稳健期。网贷行业数据也显示,非理性畸高的利息收益在回落,不规范的问题平台正在收缩,整个行业风险意识在提高,接受最严厉监管的心理预期在升高,行业激烈竞争导致洗牌的思想准备也在加强。

"宜人贷"赴美上市,公开募资1亿美元就是最直接、最实在的增信措施。从行业发展来看,寻求自身补充资本、增加实力、增信背书的举措实属必要。在资本市场,投资者用脚投票的外部压力对上市公司的经营会形成强有力的约束,对于信用金融企业来说,这种约束力同样非常有效。

这一事件提醒我们应该客观对待所谓问题众多、风险凸显的P2P网贷。要清醒地认识到,诞生于市场、服务草根民众的网贷经过市场机制的洗礼后,可以走向理性、规范、成熟。对此,在监管上应该按照市场机制的内在要求,利用市场的手段监管,而不是过度依靠设置门槛、提高准入标准等行政手段来抑制行业发展。

"宜人贷"成功赴美上市之后,"拍拍贷"等竞争对手也在摩拳擦掌。但要提醒这些P2P平台,上市只是第一步,美国资本市场宽进严管的体制意味着上市以后需要面临的挑战将会更大。对于"宜人贷们"来说,只有做好风险控制、遵纪守规、恪守信用、诚信立业、信息透明,才能在资本市场上立住脚。

别让 P2P 中的"假洋鬼子"毁了互联网金融

2013 年被称为互联网金融元年,随后,互联网金融在备受关注和广泛争议中得到了快速发展。P2P 的高歌猛进,众筹融资的登场,互联网第三方支付的激烈竞争,特别是阿里和腾讯分别设立的浙江网商银行和深圳前海微众银行两家互联网银行开业,标志着互联网金融发展迅速并正走向纵深化。

从高层认识层面来看,互联网金融的草根性和普惠性,特别是对于解决中小微企业融资难的顽症起到了较大作用。李克强总理视察深圳前海微众银行时要求"政府要为互联网金融提供便利的环境和温暖的春天"。他肯定了互联网金融在解决中小微企业融资难问题上的作用,并对"互联网金融倒推传统金融的改革"寄予期望。

但对于金融行业来说,完善和健全风控制度是个永久的课题,就是金融"百年老店"也不敢妄言他们的风控制度已健全了。要论"可能引发经营风险",现在看来主要集中在 P2P 网贷平台上。P2P 网贷平台近年来确实出了不少麻烦,存在一些危及客户资金安全,甚至非法吸收公众存款和非法集资的违法问题。

P2P 平台出问题,要么是平台老板跑路,要么是到期资金难兑付。事实上,一些 P2P 网贷只是将线下的民间借贷甚至高利贷搬家到网上而已,它是残缺的互联网金融,更谈不上通过大数据挖掘客户信用状况,进而防范资金借入方风险。P2P 网贷最大的贡献,是借贷双方的信息传递效率高了,对称了,可获得性强了,但与线下民间借贷相比较,其金融风险不仅没有减小反而可能在放大。这是导致 P2P 网贷风险的根本原因。

从实际情况看，大部分P2P网贷平台超过自身实力搞担保，不是采取借贷双方一对一模式，而是搞资金池。目前，担保风险、融入资金者风险、法律政策风险都已经凸显出来。另外，P2P网贷的发展基本处于无序、盲目的状态，而随着P2P平台经营方式的"创新"，新的风险种类又会出现。

监管部门的一个考量是，互联网金融一定程度上缓解了社会特别是实体经济融资难问题。就拿P2P网贷平台来说，虽然存在风险，但其资金配置的高效率、低门槛等优势是传统融资方式无法比拟的。也正因为如此，监管层才对互联网金融保持宽松包容态度。

我们赞成对互联网金融采取最大的包容。不过，对风险凸显的P2P网贷平台，监管部门应该尽快划出监管红线或者说底线。比如，P2P平台不能搞资金池和非法集资，不能超越自身实力提供担保。为了鼓励其健康发展，监管部门可以考虑允许P2P网贷平台引入融资性担保公司或保险公司等第三方担保方式。

笔者一向呼吁监管部门对互联网金融、金融科技创新持宽容态度，不能扼杀企业创新的活力。但对于部分P2P网贷平台等互联网金融的"假洋鬼子"，必须大力整顿和监管。对于非法吸收公众存款和非法集资活动，司法部门应立即介入，坚决打击，迅速查处。众筹融资一定要回归本性，还其真实面目。P2P网贷平台必须坚持其中介性质，而不能设资金池。P2P网贷平台本身不能做担保，一定要寻求第三方融资性担保模式，给平台业务发展以出路。

金融的本质是信用，金融管理的关键是管理风险。不要让P2P网贷野蛮发展，导致风险泛滥，毁了整个互联网金融、金融科技的大好前程。

现金贷的本质是网上高利贷

在互联网金融整顿之际,像 P2P 一样,穿着互联网金融马甲的现金贷一夜之间通过小广告、手机报、互联网等宣传传播渠道铺天盖地袭来。但是,由于监管制度空白或者说管理部门措手不及,金融风险也随之凸显出来。更重要的是由于贷款利率高得令人咋舌,一些刚走出校门的年轻人还不出钱,被逼得几乎无路可走。加之现金贷融出者使尽各种手段,甚至有公布女学生裸照的丑闻爆出,极易引发社会不安定因素。

透过现象看本质就会发现,无论现金贷多么诡异,其本质都是与网贷一样,只是将线下的高利贷搬到网络上而已。有媒体计算了市面 78 家比较知名的现金贷平台,平均利率 158%,其中最高的"发薪贷"年化利率可达598%。因此现金贷、P2P 网贷等与真正的互联网金融并不沾边,这一点必须明确。

现金贷的风险已经凸显出来,成为扰乱金融秩序的一种新的表现形式,其实质就是一些不良 P2P 等整顿对象换了个"新马甲"逃避整顿与监管。若任其发展,会加大金融风险甚至提高全社会的金融风险程度。

监管部门要加强现金贷的整顿力度,对于问题平台必须协同公安机关等严惩不贷,对于问题隐患严重的平台坚决关闭。不能任其不良发展下去,否则规模越大,受害者越多,到那时后果不堪设想。

现金贷的本质是网上高利贷,高利贷不仅是一种触碰金融监管底线的行为,而且违法。对其严格监管,防止其野蛮生长是当务之急。但同时也有值得反思之处。

P2P、现金贷等在中国之所以能够滋生并快速发展，一定有其存在的土壤。关键原因在于中国金融资源配置的严重不公与不平衡这个长期未能解决的问题，让网上高利贷有空子可钻。

中小微企业、农业以及个人金融资金缺乏、配置不足，给网贷、现金贷提供了发展机会。在以国有、大型金融企业为主导的金融体系下，弱势的小微企业、个体的金融信贷可获得性必然较低，于是，网络技术的快速发展给网贷、现金贷提供了机会。同时，借助网络的方便性、快捷性，现金贷在年轻群体中被广泛接受，并迅速发展起来。这是互联网经济带来的结果，也说明在互联网特别是移动互联网下经济业态千变万化，仅靠传统模式的约束与监管是不行的，是落伍的。

不可否认的是，现金贷以快捷、便利、高效、小额等特点具备了普惠金融的特征，满足了普通民众的个贷需求、小微企业融资需求、农业贷款需求等，这一点是值得肯定的。因此，对于现金贷乱象，在加强监管的同时，更应该铲除其生存的土壤，手段是采用市场化方式。

应该大力发展普惠金融，对大型互联网公司的互联网金融应该鼓励发展以贷款融资为主的业务。而大型金融企业包括国有银行应该放下身段，占领普惠金融市场。只要正规金融模式占领市场，那么现金贷等"野蛮金融"模式就会被挤出市场，生存的土壤就会慢慢消失。

总之，整顿现金贷应该尽量采取市场化手段。当然，对于一些采取欺骗手段发放现金贷的平台，而且利率离谱畸高的，必须重拳出击，坚决打击取缔！

● P2P 展现市场自我修复魔力

2013 年下半年出现的 P2P 网贷,在两年多的发展中饱受争议。一方面,部分 P2P 网贷暴露出的一些问题诸如坏账、跑路等,令公众谈 P2P 色变;另一方面,监管部门如临大敌。

值得欣喜的是,决策层对互联网金融包括 P2P 网贷给予了最大容忍度,监管政策没有仓促出台,因此 P2P 网贷才得以迅猛发展,两年多时间达到近四五千家。据有关机构统计,截至 2015 年 6 月底,P2P 网贷的贷款余额达到了 2087.26 亿元。

互联网金融作为一个全新业态,必须给其一个足够的发展期,也给监管预留一个足够的观察期。发展期越长,暴露的问题就越突出;观察期越长,制定的监管政策就越能对症下药。一个基本思路是,诞生于市场,萌生于草根,市场化程度较高的东西,发展中出现的问题,最好交给市场去完善、修复和解决,最好发挥无形之手的作用,有形之手尽量只发挥监督作用。市场机制能够解决的,非市场手段最好不要介入。

就拿 P2P 网贷来说,在两年多无任何监管和有形之手干预的情况下,虽然问题不少,但是已经出现了几个令人欣喜的现象。首先,有机构统计显示,在 P2P 平台交易量中,单笔贷款在百万元以下占 65%,百万元以下贷款融资概念重叠者基本都是小微企业、个体工商户和个体经营者。2015 年上半年 P2P 网贷成交量达 3006.19 亿元,按照 65% 计算,有将近 2000 亿元投向小微企业和个体私人经营者。P2P 网贷已经在发挥着缓解小微企业、个体经营者融资难的作用。这其中,投入大众创业、万众创新项目的不在少数。

其次，行业收益率正逐渐回归理性，2016 年网贷行业综合收益率已经下行至 10.45。收益率逐步下降，回归理性，是行业完全市场化充分竞争的结果，必将传递到融资需求成本下降上。这对于解决小微企业融资贵的问题正在发挥正向作用。

最后，也是最为核心的作用是，市场化程度最高的 P2P 网贷正在整个金融行业体系内发挥"鲶鱼效应"。一方面给过去融资无门的中小微企业、个体经营者寻找了一条出路，另一方面使得传统金融的信贷资产业务市场份额受到严重冲击。传统金融赖以盈利的信贷资产业务蛋糕正在缩小，危机感正在增加，传统银行纷纷开始涉猎 P2P 网贷平台就是"鲶鱼效应"的体现。这可谓是 P2P 网贷对中国金融行业的最大贡献。

P2P 网贷出现上述向好迹象的根本原因在于市场化机制的无限魔力再次证明其对所有市场化业态的强大自我修复能力。从 P2P 网贷上应该重新认识市场机制的强大力量。这提醒我们，一定要把 P2P 网贷行业的大洗牌交给市场，而不是行政监管手段。通过市场激烈竞争，通过市场大浪淘沙，仍能够屹立不倒的 P2P 网贷才是真正的"英雄"，体现的是其真实力和真本事。一刀切的监管准入政策往往沦为逆淘汰机制。

这并不是说监管就无所作为了，反而是对监管的要求更高了。比如，P2P 网贷资金实行严格的第三方存放和监管是完全必要的；监管部门不断及时地给投资者提示风险是不可或缺的；甄别 P2P 网贷是否触碰底线是需要高超监管水平和能力的。监管政策应该将重点放在划出 P2P 网贷行业的底线上。

第二节 券商涉足互联网金融出路何在?

如今,传统金融正快马加鞭进军互联网新金融领域,工农中建交各家大型银行已经在总行级别重新整合,共同增设了互联网金融业务部门。同样作为传统金融领域的券商也不示弱,正在蠢蠢欲动,欲大踏步进入互联网新金融领域。

2014年4月,中信证券、国泰君安、平安证券、长城证券、华创证券5家券商通过中国证券业协会专业评价,获互联网证券业务试点资格。5家券商向中国证券业协会提交的方案共同之处为,将根据客户的不同需要分别开设消费类、理财类、交易类服务,其中消费类和理财类账户可通过互联网工具为客户提供场外服务。

同时,国泰君安将在客户账户开立、资金进出渠道及适当性管理三方面实施创新探索,最大可能地适配互联网用户的客户体验。具体而言,通过账户分层,将传统证券公司的账户开立流程转化为具备互联网特色的注册、开户、激活及充值等流程,推动证券公司与互联网企业的客户体验处于同等水平。具体做法是:借助央行支付系统,丰富资金集聚渠道,提升客户资金使用的便捷程度;以分层设想为基础,探索具备互联网特色的适当性管理形式;针对不同层级的账户权限及产品风险,匹配不同等级、不同方式的适当性管理规范;优化中低风险产品对应的购买流程,完善客户体验。

券商在互联网上做金融业务不受地域限制，规避了非现场许多政策性规定的约束，必将大大促进券商各项金融业务的发展，也绝对是未来券商拓展市场、转型升级的目标和方向。谁越早进入互联网金融领域，反应越快，谁就越主动，越能占得先机。

有分析认为，5家券商获准互联网金融业务许可，意味着继互联网机构大举入侵传统理财领域后，传统金融机构的应对即将从防守转为全面反击。但也必须清醒地看到，无论是在网络上售卖证券理财产品，还是证券投资者开立户头做股票交易，都必须建立在强大的客户群体基础上，建立在大数据基础上。

传统金融涉足互联网金融共同的强项在于对金融业务驾轻就熟，对金融风险控制经验丰富，但共同的弱项在于对互联网新经济运行机制陌生，特别是没有互联网平台上的强大前端客户群和大数据基础。"互联网金融"，顾名思义，是建立在互联网平台上的金融，互联网在前，金融在后。

互联网金融企业包括阿里巴巴、腾讯等涉足金融领域，是互联网平台发展培育到一定规模后自然而然的结果，比如，天猫、淘宝、支付宝以及新浪微博上共有最少8亿客户，微信平台也有3亿客户。这些客户都是生产经营、财务结算支付以及移动互联网各项实体业务上的前端客户，这些客户本身对金融提出了越来越强烈的需求，在这个基础上，互联网企业顺势而为加以推进，自然是水到渠成。有了这几亿前端客户，互联网平台上无论卖什么金融产品都可以轻而易举赚大钱。而这些是传统金融包括券商没有的，现在做起来也非常困难。

鉴于此，笔者认为，券商涉足互联网金融的根本出路是，将自己建立互联网平台作为长远目标，长时间不懈培育；捷径是，如天弘基金公司一样寻求与现有互联网企业的合作,借助其互联网平台和大数据基础,拓展券商的互联网金融业务。

● "灵佣金""灵"在何处?

2014 年 6 月,我国证券市场备受关注的一件事情是,国内知名券商国联证券推出了具有深远意义的创新性产品矩阵——"灵佣金"。"灵佣金"借鉴国外发达国家灵活的证券市场交易价格体制,挑战中国传统固有的死板落后的佣金制度,给证券市场股票交易经纪业务定价体制改革闯出一条新路。同时,以此找到券商涉足互联网新金融的突破口。再者,国联证券得以抢占未来竞争的制高点,以实实在在的证券业务创新惠及客户、让利客户、吸引客户,便于其在激烈竞争中立于不败之地。

"灵佣金"旗下产品"笔笔惠"的几大优势非常明显,便利性是第一大优势。社会节奏越来越快,服务于投资者和民众的所有东西,包括证券投资和理财产品都是越简单越好,越方便越好。一句话,客户体验必须好。"灵佣金"旗下产品"笔笔惠"改变过去股票、基金交易佣金的繁杂计算方式,使用按每笔收取固定费用的方式,其便利性带给客户良好的体验。每一位投资者从事每一笔证券交易前,事先就能够测算出证券交易佣金成本,从而使得每笔收费更为透明化、清晰化,无形中形成了一个让利于投资者的阶梯形费率激励机制。

"笔笔惠"将规费单独收取后交给交易所等相关部门,此外每笔交易无论金额大小统一收取 5 元。如果交易金额为 1 万元,1.2‰左右的规费,加上 5 元的费用,其佣金费率就是 6.2‰;如果交易额为 2 万元,那么规费加上固定费用 5 元，佣金费率约是 3.7‰；如果交易额为 10 万元，那么规费加上固定费用 5 元，佣金费率就是 17‰。交易额度越大佣金费率越低，由此形成了一种激励机制效应。

国联证券将"灵佣金"旗下产品"笔笔惠"主战场放在了 PC 及手机客户端，尝试互联网金融业务，发挥移动互联网的巨大优势，以此吸引中产阶级投资者及适应互联网金融投资的用户，这个创新变革性产品是颇具前瞻性的。但是作为券商，不是在互联网上售卖几款证券基金产品就是涉足互联网金融了，而应该着眼于通过与互联网企业的合作或者自行建立互联网平台，以创新类产品吸引投资者和客户，把互联网平台做大，积累海量的客户规模，然后通过大数据挖掘客户足迹，寻求附加值更高的商业机会。

第三节　智能投顾"逼宫"基金经理

原以为人工智能只是停留在舆论沸腾阶段，最多也只是科技企业的研发阶段，在应用上还是以工业机器人流水线操作为主。但没曾想到，金融科技迅猛发展，进入了实战领域。日本在保险理赔领域率先采用人工智能，美国在资产证券股票领域率先启用智能投顾。在人工智能技术支撑下，金融科技迅速发展，并大大出乎所有从业者以及专业人士的预料。

2017 年年初传来了日本众多保险公司裁员的消息。问题不在裁员多少，而在于哪个部门，谁被裁员。日本保险公司裁员的部门主要集中在相对高级人员扎堆的理赔部门,而理赔部门是保险公司技术分析含量较高的部门。裁员的原因是公司大量使用人工智能机器人来计算理赔业务,也就是说,智能机器人进入了保险公司的理赔行业,代替了人工理赔分析师。

无独有偶,就在人们对人工智能代替金融证券股票分析师岗位半信半疑时,全球最大的资产管理公司贝莱德集团(BlackRock Inc)2017 年 3 月 27 日宣布,将对其主动型基金业务进行重组,计划裁去一批主动型基金经理,并用量化投资策略取而代之。按照 BlackRock 重组计划,约有 40 名主动型基金部门员工将被裁员,其中包括 7 名投资组合经理。本次重组计划涉及 300 亿美元资产,约占 BlackRock 主动型基金规模的 11%,其中 60 亿美元将被并入集团旗下的 BlackRock Advantage 基金,该基金主要采用计算机与数学模型进行投资的量化投资策略。BlackRock 的创始人及首席执行官拉里·芬克(Larry Fink)说得好:"信息的民主化使得主动型投资变得越来越难做。我们必须改变生态系统,更多地依赖大数据、人工智能、量化以及传统投资策略中的因素和模型。"

我们知道,一直以来金融市场的投资顾问或者说各类分析师是行业内最高级最炙手可热的人才,同时也是最贵的人才。一方面这类人才薪酬成本高,另一方面流动性大,竞争激烈。这给各类资产管理公司、基金公司、证券公司等带来了较大压力,这也是一些公司投入巨资研发智能投顾的原因之一。智能机器人投资顾问虽然一次性研发投入成本大,但可谓是一劳永逸的,总体算来成本远远低于人力金融分析师,并且忠诚度、稳定性方面没有任何麻烦。

全球最大的资产管理公司带头采用人工智能投顾,在全球已经起到了一个示范作用。越来越多资产管理公司将跟进贝莱德,使用人工智能来代替基金经理,这对金融行业和资本市场来说都是一个颠覆性事件。量化投资的崛起,进一步威胁了华尔街传统基金经理的地位。

岂止华尔街？全球股票金融分析师的地位都将受到较大威胁。金融科技对于金融企业来说或是趋势与大利好,但是对于金融股票分析师来说绝对是一场噩梦。2016年年底,白宫发布了一份名为《人工智能,自动化和经济》的报告,称未来10年里人类将有约一半的工作岗位被机器人取代,从家政员到投行交易员一个都跑不掉。

更深层次的思考是,金融科技对于整个资本市场、货币政策以及传统金融证券股市监管也带来了巨大挑战。最大的一个风险点就在于金融科技或使得金融市场风险被更加集中地凸显。

一旦贝莱德这样的行业巨头所使用的机器人得以迅速普及,投行、资管公司都斥巨资研发机器人投资顾问的话,智能投顾一旦接到抛售指令,或将促发一系列机器人投顾抛售,继而导致市场崩盘。当机器人都在抛售,而没有人买的时候,崩盘将变得格外惨烈。

在金融科技迅猛发展之际,监管机构应该迅速醒悟过来。根据智能机器人投资顾问特点,特别是风险点,赶快着手有针对性地进行监管政策上适应智能机器人投资顾问的新的制度性安排。

● 机器人投顾大幅降低理财咨询费用

2015年8月,全球最大的基金管理公司贝莱德(BlackRock)收购估值1.5亿~2亿美元的理财初创公司FutureAdvisor。FutureAdvisor是一家总部位于美国旧金山,由两位前微软工程师创立的高科技公司。该公司为负担不起或不愿直接面对面接触传统经纪人的投资者提供资产分配建议。

近年来,通过计算机运算,结合客户的投资目标、收入和纳税情况,为客户打造专业、理性的投资组合,将人为干涉因素降至最低的机器人理财顾问,在美国资产管理领域已经越来越受欢迎。该产业中,除 FutureAdvisor 之外,还包括 Betterment、Wealthfront、Personal Capital 等,都是深受欢迎的平台。2015 年 9 月,花旗银行发布报告指出,智能理财(robo-advising)越来越为年轻投资者所喜爱,未来有望成为万亿级别的产业。

不只是美国,在智能化领域不甘示弱的德国也已经把触角伸向了金融高端服务领域。2015 年 12 月,德意志银行启动了一项电脑化的投资顾问服务,追随贝莱德等资产管理公司机器人投资顾问的脚步。

我们知道,德国正在制造业上全力推进工业 4.0,其核心在于智能化、互联网、物联网、大数据、感应技术等。如今,德国已经不满足于其在高端制造领域的领头羊地位,在向经济支柱基础性产业——智能化挺进的同时,开始向金融高端服务业推进智能化技术服务。这两大领域都是经济中最高端、最重要,代表未来发展趋势和制高点的产业,同时抓住这两大领域才能使得一国经济金融领先全球,才能使得企业长期雄踞高附加值领域。

德意志银行此次推出的机器人顾问名为 AnlageFinder,它是该行网络投资平台拓展服务的举措之一。这位顾问会利用问卷调查和电脑设计的程序算法,为德意志银行网络投资平台的客户提供股票投资组合的相关建议。AnlageFinder 不仅适用于投资新手,也适合有经验的投资者。它会通知客户有哪些潜在的投资风险,比如过于侧重某些板块,还会突出显示其他投资选择。除了机器人顾问,德意志银行还发布了一款面向有经验投资者的新版maxblue 应用,在该行开通网上服务的客户可以通过该应用查看个人账户和投资组合,随时进行交易。

从以上情况可以看出，金融投资顾问服务是智能化、互联网、大数据相结合的产物，是金融科技的重要应用方向之一。

任何技术革命的结果，都是效率提高、成本下降，即提高要素生产率。金融技术革命同样如此。金融技术革命一次性投入成本虽大，但边际效益高，边际成本小。随着机器人投资顾问的出现，理财顾问行业的咨询费用有下行压力。最主要的是，机器人投资顾问受人为主观性干扰较小，有利于消除行业中存在的各种人为因素干扰，而且，机器人避免了在工薪、劳动保护等各方面存在雇佣纠纷的可能性，将大大降低企业管理成本。

金融科技是未来高端服务业的制高点，技术实力雄厚的美国正在向此大踏步挺进，德国也正在全力赶超（不要小看德国后发制人的民族个性）。必须清醒地认识到，金融科技革命能够率先在美国、德国生根发芽，不仅是因其技术基础好、创新能力强，更主要的是其制度环境优良，有政策环境的鼎力支持。有了一个利于创新创业的良好监管政策和制度环境，企业和个人创新的热情就会迸发出来，创造性的产品就会层出不穷，包括最难的金融高端服务业技术革命。

● 英国银行大幅减员裁减机构

新华社伦敦 2017 年 4 月 3 日报道说，英国莱斯银行正计划进一步缩减分支机构，将在英国关闭 400 个分支机构，涉及 9000 个工作岗位。

其实，英国的几大银行一直在关闭分支机构。近年来，英国各银行已经关闭了近 1700 家分支机构。根据英国调查机构"Which"发布的数据，汇丰银行过去两年来在英国关闭了近 320 家分支行，占其所有分支机构的 27%，

2017年将继续关闭62家分支行。苏格兰皇家银行在2017年3月份也宣布计划关闭其158家分支机构,估计有近800个工作岗位受到影响。

既关闭机构又裁员到底为哪般?还是因为互联网金融与金融科技的迅速发展,唯一没有想到的是率先从金融领域爆发了。更没有想到的是,此前预测的金融科技将引发金融特别是银行机构失业潮来得这么早这么快。当然,这主要是由于互联网特别是移动互联网、人工智能等现代科技开始迅速进入金融领域,夺取银行等金融机构的网点与岗位所致。从欧洲来看,金融科技风暴正在从北向南席卷而来,这个趋势似乎不可避免。

英国莱斯银行本次削减机构与裁员的原因是,莱斯银行宣布将设立一种新的"微型分支机构",使用仅1000平方英尺(约93平方米)左右的空间,由两名员工使用平板电脑或通过远程视频与客户沟通,为其提供服务。这两名员工采取移动设备与互联网传输技术,主要是帮助客户在网络上填写与传输身份证件等资料的简单服务,以及验证客户证件与真实身份是否相符,即所谓的面签,不涉及任何现金与账务。其实,就是这种服务也可能只是过渡性的,因为,客户最终都会不出家门来办理这些业务。将来人脸识别技术完全过关后,银行等部门的面签规定将会被彻底取消。到那时,就连两个人的"微型分支机构"也不需要了。所以,这个"微型分支机构"其实也是过渡性的。也就是说,英国大银行撤机构、大裁员的潮流还在后面呢。

莱斯银行表示,减少实体分支机构的原因是"客户行为发生了深刻的变化",因为有更多的交易在线上进行。

另一个焦点是,人工智能机器人正在迅速普及,首当其冲的是金融机构。如果说网络特别是移动互联网金融冲击的是网点机构以及一线个人银行服务业务的话,那么人工智能冲击的将是银行金融分析师、信贷资产评估师、理财投资分析师、金融股票外汇期货等部门的分析师，也即移动互联网金融、金融科技将冲击到金融业的所有机构与岗位，谁都不能幸免。

移动互联网金融以及金融科技在英国以及欧洲其他国家还有很大的市场潜力。"Which"的调查数据还显示，虽然目前有 56％ 的成年人使用网上银行，但仍有 2000 万成年人不愿或不会使用网络银行。这与北欧有很大差距，也显示出金融业虽然发起于英国，但英国却是一个非常保守的国家。这也正是移动互联网金融、金融科技在英国具有发展潜力的佐证。

移动互联网、人工智能已经以不可逆转之势发展。资本最青睐于科技进步领域，特别是能够代替人的科技进步领域。对于资本来说，已经吃尽了"人"这种高级动物的苦头。只要有能够代替人的东西，资本就会不惜血本。工业机器人让资本兴奋了一次，人工智能或许会让资本更加兴奋。人工智能机器人只要能够代替金融高级分析师，资本就会让其踊跃发展并被使用。相对于人工智能机器人来说，人类金融分析师是高端服务职业，薪酬极高而且流动性强，企业需要为其付出巨额成本，且还很难管理，因此，企业迫不及待让人工智能机器人代替之。

英国、欧洲，乃至世界各地的银行机构被减，员工被裁员，仅仅是开始。也可以说，目前的银行业大幅度削减机构与裁员相对于即将到来的深层级、高频次、大幅度的裁员潮来说，只是序幕而已。

保守英国人的银行里都开始撤机构裁员了，那么其他地区的裁员潮或将更加汹涌。每一个金融人、银行人已经到了思考自己岗位与饭碗的时候了。眼前在一线从事个人银行业务的员工，特别应该尽快提高自己，赶快以你"手掌心"里的移动互联网为工具，去拥抱新经济、新金融，向新经济、新金融要岗位，要机会。

第四节　日本央行力促人工智能金融

日本央行 2017 年 4 月 13 日在总行召开以"在金融中运用人工智能"为主题的会议。会议邀请了日本金融界相关人士来参与讨论。

这是至今媒体披露的第一家在国家中央银行层面专题召开的人工智能应用到金融领域的会议，说明日本央行在金融科技领域敏锐的嗅觉、敏捷的观察力和力促金融科技创新发展的前瞻性眼光。

日本是与美国比肩的世界上科技较发达的国家之一。特别是在工业机器人、人工智能等现代科技领域，日本是投入研发与应用最早的国家。在金融科技领域日本也没有落伍。刚刚进入 2017 年，日本几家保险公司就宣布将在分析能力要求高的保险理赔部门裁员 30％，用人工智能量化计算手段代替。

在欧美日纷纷将人工智能引入金融领域，特别是金融高端服务的投资顾问行业时，基本就可以断定金融科技将会代替传统金融的所有领域与所有岗位。我们不得不佩服专家们的预测，人工智能或率先在金融行业取得突破，金融科技或全面代替和颠覆传统金融。

作为掌控货币政策大权并对金融具有监管职能的中央银行，对金融科技的汹涌而来一定要有预测与预判，以促进人工智能在金融行业的应用，摸索金融科技发展与渗透的规律，防范金融科技可能带来的新问题与新风险。

日本央行召开科技金融、人工智能金融应用会议是非常及时、完全必要的，凸显日本央行对新金融发展的高度重视。

日本央行行长黑田东彦亲自参加会议并演讲。他在演讲中表示，让人工智能与大数据分析为金融服务，"具有对经济社会做出巨大贡献的潜力"，强调其可推动金融的发展。

黑田解释称，金融通过高端信息处理支撑着经济发展。他认为，由于人工智能及大数据分析能高速处理庞大的信息量，因此将有助于实现更高的效率与更好的发展。

关键在于在全球去中心化趋势下，点对点构成的直线距离最短的技术应用于金融行业后，金融资源将会得到最大化的挖掘、发现与配置，而金融资源配置的中间中介环节几乎消失，不仅效率会大幅度提高，而且融资成本将会大幅度下降。去中心化使得金融交易变得越来越简单了。

人工智能在金融领域的应用使得人为主观因素不复存在了。世界上最复杂的问题就是人的问题，最复杂的交易就是人主导的交易。一旦人工智能应用于金融领域，那么，一切似乎都可以变得更简单。

当然，人工智能进入金融领域后也会带来一些金融风险。虽然这些风险是主观分析与想象的，但只要是合理想象，就一定要预防。

有观点担心人工智能的介入将过度加剧金融市场变动，导致市场参与者的多样性丧失。这个担心不无道理。因为完全充分竞争市场要求市场参与者是多样的，每一个或几个市场主体都不能垄断市场交易。如果市场多样性丧失，那么或形成垄断，或导致市场"崩塌"。

人工智能被引入金融领域有产生市场参与者多样性消失的迹象，比如，人工智能被引入甚至替代投资顾问，即智能投顾的大面积推广，或造成市场发生单一卖而无人买或单一买而无人卖的情况,这都将导致市场爆发大风险。

不过,或许是我们过于杞人忧天了。此前,笔者与阿里巴巴首席技术官、有中国大数据云计算第一人之称的王坚座谈时,他说大数据只是一堆"破铜烂铁",主要看对大数据云计算的挖掘、分析与计算能力。这样的话,各个技术开发公司与金融公司对数据的挖掘与分析能力必然大不一样,因而每个个体智能投顾对市场的判断决策就会存在差距,或不一定会出现集中卖而无人买或集中买而无人卖的单一市场情况。

对于人工智能给金融带来的风险,黑田表示,将通过认真核查对金融市场的影响,"努力实现新技术的优势最大化,负面因素最小化"。这个思路是正确的。

在鼓励人工智能大踏步应用于金融行业的同时,着手对其进行分析,特别是对可能导致的金融风险进行分析预判,是完全正确的思路。

● CFA 将人工智能列入考试内容

目前金融科技的发展如火如荼。金融智能化正在改变或者说颠覆整个金融行业。这种对传统金融的颠覆与改造也许比预想的来得早、来得快。如果说互联网金融已经开始动摇传统金融的根基,那么金融科技将彻底颠覆传统金融的所有领域。笔者还是那句话,围棋是最复杂的人类智力游戏,而人工智能却能轻易战胜世界冠军,说明金融领域包括分析师等高端岗位都完全可能被人工智能所代替。

金融数据服务商 Kensho 创始人预计,到 2026 年,有 33% ~ 50% 的金融业工作人员会失去工作,他们的工作将被电脑所取代。这其中就包括金融业的高端服务人员金融分析师。而 CFA（注册特许金融分析师，Chartered Financial Analyst）协会是通过考试来"生产"世界上最权威、最专业金融分析师的摇篮。CFA 证书是投资从业者的"黄金标准"。投资从业者希望通过获得 CFA 认证来更深入地了解市场，获得更好的工作岗位和更高的薪酬。

如果人工智能替代金融分析师的岗位，那么或许在不远的将来，CFA 证书将变得一文不值，CFA 协会也将最终被淘汰。全球金融分析师包括 CFA 证书持有者都已经有空前的危机，他们的危机同样是 CFA 协会的危机。这促使 CFA 协会主动出击，主动去拥抱人工智能金融。

CFA 协会将人工智能等内容加入考纲，希望持证人能充分利用人工智能来指导投资决策。近期 CFA 协会分管资格认证的执行董事 Steve Horan 称，协会计划将人工智能、智能投顾以及大数据分析方法纳入 CFA 考试大纲；新的知识点将在 2019 年的 CFA 考试中出现。

说实话，即使纳入大纲也不一定能够挽救金融分析师及其组织的命运。因为人工智能不仅是被引入金融行业，而且正在对各个行业，有些看似还非常高大上的行业构成严重冲击。我们不妨举几个例子。

2016 年最热闹的莫过于谷歌的 AlphaGo 机器人大战李世石。而不怎么为人所知的新闻事件还有，2016 年 IBM 的"沃森"（Waston）通过阅读医学文献，成功救治了一名日本患者，也就是说医生这个职业被人工智能取代的可能也非常之大。

似乎法律工作者也不能幸免。摩根大通设计了一款金融合同解析软件 COIN。这款软件上线半年多时间，原先律师和贷款人员每年花费 36 万小时才能完成的工作，如今 COIN 只需几秒便能轻松完成。

再比如，金融数据服务商 Kensho 的程序可以迅速告知人们，在发生冲突的时候,石油、货币等各类资产在过往是如何表现的。Kensho 开发的程序做这份工作只需要 1 分钟,而分析师们以往则需要 40 个小时,并且这些分析师还拿着 35 万到 50 万美元的薪水。

目前欧美日正在研究能够读研报、分析研报的"沃森"(Waston)机器人。它能跟踪市场资讯与价格波动,眨眼之间就能够告诉你什么时候买入什么股票。而且它不会抱怨,也不会要求加薪!

一个报道的描述非常形象,当你在吃饭的时候,机器人在读研报;当你在喝星巴克的时候,机器人在读研报。机器人不会疲惫,不用休息,可以通宵达旦!股票估值模型,人工智能在速度和准确性上优势明显。

无论如何,金融科技时代正在快速到来,无论你愿不愿意、承不承认,它都正在向金融业最高级群体的金融分析师发出挑战,其他群体更是基本无一幸免。

CFA 协会将人工智能金融、大数据、云计算等量化分析列入考试大纲,成为考试内容,说明 CFA 协会正在密切观察金融智能化的发展前景与动向。金融科技的发展已经让所有金融机构、从业人员、监管部门等都不能忽视了。

其实,就在人们尚在仓皇应对人工智能金融的突袭之际,另一个更具颠覆性的科技正如潮水一样涌来,那就是区块链技术。CFA 协会应该具有超前性,尽快把区块链技术列入 CFA 考试大纲之中。

● 对机器人征税还为时过早

在机器人特别是人工智能浪潮扑面而来的当下,一些忧虑质疑的声音也开始出现。其中最大最直接的担忧是机器人将取代人类的工作岗位,由此带来全球性的失业潮。客观地说,这种担忧不无道理,而且已经开始出现,特别是工业机器人已经被广泛投入使用。最典型的例子是苹果手机最大的代工企业富士康开始批量使用机器人,随之而来的就是一批工人失去工作岗位。

美国政府研究机构以及经济学家另一个深层次担忧是,机器人被广泛使用后,不仅使得大批工人失去工作,而且还会带来分配关系的恶化。财富将进一步流向资本家的腰包,普通百姓在初次分配中由于劳动力所得消失,收入急剧下降,由此引发的整个社会收入分配差距被恶性拉大的问题,必将很快成为全球性的大问题。

一些地区已经开始意识到这些问题的严重性,正试图采取措施应对。日前,欧洲议会就一部关于机器人的法律提案进行投票。该提案由卢森堡议员玛蒂德尔沃提出,涉及工业、医疗、娱乐等多个领域的机器人。提案包括向机器人征税等举措,旨在弥补机器人造成的失业等损失。而投票结果是,396 票反对,123 票赞成,85 票弃权。

该提案建议向机器人所有者征税,用于资助因机器人而失业的人群重新训练,以达成其再就业的目标。但反对观点认为,征收机器人税会对企业创新、就业竞争造成相当负面的影响。而问题的关键在于如何处理好保护传统就业与鼓励创新的关系。

笔者曾经在这则消息的留言中写道,一定要防止历史上的英国《红旗法案》悲剧在欧洲重演。说到底,这是守旧思想与创新精神的碰撞,就看当局如何处理好保护落后和鼓励创新的关系。好在今日的欧洲议会要比几百年前的英国议会思想开明得多,最终该提案因遭受绝大多数议员的反对而夭折。

不过,机器的广泛使用给就业带来的冲击是显而易见的。我们该怎么办?微软创始人比尔·盖茨在接受媒体采访时称,可以通过对机器人所有者征税来筹集资金,帮助被自动化所取代的工人进行再培训。比尔·盖茨是同意向机器人所有者征税的。但必须看到,盖茨是在两项取舍中无奈同意的。他说,若人们总体对创新的畏惧多于热情,那是很坏的一件事。这意味着人们不会促使机器人往积极的方向发展。因此,征税明显要比禁止开发某些机器人项目更好。

不过,在机器人尚处于萌芽阶段时,谈及向机器人所有者征税明显为时过早。如果目前各个国家仓促出台向机器人所有者征税措施的话,肯定会抑制创新,抑制机器人产业的研发与发展,甚至导致整个产业陷入停滞,影响到整个国家的创新积极性。

机器人的广泛使用带来的是劳动力结构的调整,而不是消灭劳动力岗位。人们所希望看到的其实是,利用自动化的机会来制造我们今天所拥有的商品和提供服务,并解放劳动力,使更多的劳动力能够从事其他更需要人类特质的工作中去,比如照顾老人、教育孩子等。在这些行业中,人类的同情心和理解力就非常重要。机器人是解放劳动力,是把劳动力转移到更加适合人类工作的岗位上去。从经济学上讲,这将大大提高劳动力的效率。

同时,未来机器人被广泛使用后带给各个方面的冲击还需要继续观察。用中国一句话讲,"车到山前必有路";用西方一句话说,"上帝关上一扇门的时候必然开启一扇窗"。今天对机器人的恐惧只是预想出来的,如果根据想象而出台遏制机器人发展的措施,阻碍了创新,那将得不偿失!

07

金融科技不能
"监管至死"

自主创新在于提出别人没有想过的东西，问题是，如果一个社会对你能想些什么、讨论什么都有限制的话，要在传统框架之外思考问题以达到创新，是非常难做到的。

——艾伦·格林斯潘（美国第十三任联邦储备委员会主席）

监管者要合理规范、正确引导，公众要去伪存真、规避风险，彼此都需要对目前中国互联网金融、金融科技的发展现状有一个清醒的认识。

总体看，互联网金融发展对于支持国家创新驱动发展战略，推动大众创业、万众创新和供给侧改革，提升金融服务普惠性和扩大覆盖面具有积极意义。站在全球范围观察，中国互联网金融创新走在了世界前列，这是与中国互联网业发展处于世界潮头地位相适应的。但就更为发达的金融科技而言，欧美发达国家已经走在了我们前面。

第一节　别在倒脏水的同时
连孩子一起倒了①

　　著名经济学家希克斯在其《经济史理论》中指出，英国的工业革命不是技术创新的结果，而是金融革命的结果，因为工业革命中使用的技术在这之前就已经出现，而只有在出现金融革命之后，工业革命才真正发生了。在金融改革的大背景下，2014 年，中国的金融业也迎来了一次革命性机遇——互联网金融革命。

　　事实上，在余额宝等出现之前，互联网金融作为一种游离于主流金融体系之外的草根模式，借助于移动互联网，已悄然而迅速地发展起来。根据中国互联网络信息中心数据，截至 2017 年 6 月，我国使用网上支付的用户规模达到 5.11 亿，较 2016 年 12 月，网上支付用户增加 3654 万人，半年增长率为 7.7%，我国网民使用网上支付的比例从 64.9% 提升至 68.0%。其中，手机支付用户规模增长迅速，达到 5.02 亿，半年增长率为 7.0%，网民手机网上支付的使用比例由 67.5% 提升至 69.4%。线下支付领域依旧是市场热点，网民在超市、便利店等线下实体店使用手机网上支付结算的习惯进一步巩固；在深

---

　　① 本文系著名经济学家、经济评论家马光远为本书作者的《互联网金融革命》一书写的荐序。

耕国内市场的同时，我国网络支付企业纷纷拓展海外市场。

耶鲁大学的金融学教授罗伯特·席勒（Robert J. Shiller）在其《金融与好的社会》中写道："金融体系是一项新发明，而塑造这种体系的过程远远没有结束。只有细致入微地引导其发展，才能将其成功地引入未来。在这个过程中，重要的是对金融体系进行扩大化、人性化和民主化的改造。"

互联网金融引发金融界的震荡和革命，除了互联网利用其特有的技术，包括移动支付、云计算、社交网络和搜索引擎等信息技术，相对于传统金融，大大降低了信息的不对称和交易成本，使得互联网金融成为一种迅速匹配、信息对称，同时成本低廉的金融模式的原因之外，还因为资金供需双方直接交易，不需要经过银行、券商或交易所等中介，弱化了金融中介的作用，加速金融脱媒，从而在金融层层管制的体系下硬生生野蛮生长出一种既不同于商业银行间接融资，也不同于资本市场直接融资的全新的第三种金融模式。而这种模式的产生，又与互联网开放、平等、协作、分享的基本精神暗合，从而使得金融成为一种人人参与、资金流动高度透明和自由、交易费用极低的开放形式。这种新的金融模式既是对传统金融的巨大挑战，同时也是一场新的金融革命。

对于中国金融业而言，互联网金融的出现显然具有另一个层面的意义：通过互联网金融这种"门口的野蛮人"的介入，打破传统金融业的垄断。改革开放近 40 年，中国金融业的改革远远滞后于经济发展现状，使得"金融"在中国成为一种极为昂贵的资源。金融垄断一方面导致垄断暴利，另一方面也必然削弱中国金融业的竞争力。

2010 年，中国 GDP 超越日本，成为仅次于美国的全球第二大经济体，但就金融业资产占 GDP 的比重、人均金融资产等指标衡量，中国金融业的现状与中国的经济地位并不匹配。以银行业的数量为例，中国的 GDP 是美国的 40%，在美国以银行命名的机构有 8500 多家，而我国称之为"银行"的机构，加上基因残缺不全的村镇储蓄所，也不过 1000 多家。在人均占有金融资产方面，我国和美国、日本等国的距离更大。1990 年，美国和日本人均金融资产分别是中国的 106 倍和 246 倍，尽管今天差距大大缩小，但仍然在 30 倍以上，而在金融外交、金融战略以及国际金融体系的话语权等方面，我们是实实在在的"经济大国，金融小国"。

在笔者看来，破除垄断的最简单也最可行的办法，就是引入新的主体，让各个主体在市场里公平竞争。当然，人类社会不是大自然，我们不提倡优胜劣汰，不提倡弱肉强食，因为弱肉强食的最终结果很有可能是形成新的垄断，形成新的一尊独大。我们的真实意愿是，让不好的努力变好，让好的变得更好，以形成共赢局面。金融有特殊性，在和平年代，金融就是一个国家的国防线，我们绝对有必要保护好金融安全。但在保护金融时，我们必须要有一个合理的度，既对传统金融机构做一个安全底线的保护，使其能继续发挥最大作用，又引进新的民营金融机构，让各方取长补短，发挥各自长处，从而形成共赢局面，共同将金融产业做大做强，实现金融强国之梦。

但是，面对互联网金融的蓬勃发展，要求对互联网金融加强监管、防范风险的呼声也随之而来。特别是在余额宝触及了银行业的利益之后，甚至有人指责余额宝等互联网金融产品是"吸血鬼"，提出要取缔余额宝。事实上，这种思维似乎在创新性领域形成了一种固定模式：对于新生事物，监管部门只习惯于去防范风险，从而抑制了很多创新的发展。互联网金融的发展肯定不会是一帆风顺的，风险与机遇并存。所以在互联网金融刚刚开始兴起的时候，就以监管风险为名，对互联网金融创新设置障碍，实属倒掉脏水的同时连孩子都倒掉的不明智行为。

虽然从当前看,关于互联网金融的争议还在继续中,但是事实胜于雄辩,金融领域里,一个新的时代正在来临。指责其为"吸血鬼",动辄要严管,要取缔,这不过是利益作祟的结果。在难以逆转的移动互联网时代大趋势下,任何逆时代的做法不仅无助于传统金融业的发展,更会有害于中国金融生态的健康和安全。笔者同意马云的判断:"未来的金融有两大机会:一个是金融互联网,金融行业走向互联网;第二个是互联网金融,纯粹的外行领导,其实很多行业的创新都是外行进来才引发的。"

最后,笔者呼吁一下,给正在蓬勃兴起的中国互联网金融多一些宽容吧。

● 监管不能跑在创新前面

互联网特别是移动互联网的发展,在全球各个行业引发了几乎颠覆性的变革,这其中颠覆范围最大的是金融业,特别是传统银行。

互联网、大数据、云计算、人工智能、物联网等全球技术变革的方向趋势是去中心化。而金融从诞生起,无论是货币,还是信贷,无论是存款,还是贷款,无论是支付结算,还是投资理财,无论是中央银行,还是商业银行,最明显的特点就是中心化或称它们都是中介化的产物。特别是商业银行,我们一般称其为间接融资机构。而间接的、中心化的、中介化的模式的特点是效率极低、环节极多、成本极高。

俗话说,物极必反。这种中心化、中介化的东西,想要依靠自身来进行提高效率、降低成本、简化环节的改革,无异于天方夜谭。但是,外部技术进步引发的颠覆性变革,传统金融无论如何都难以抵挡住。

区块链技术是去中心化的重磅武器。通过一个技术上的点对点模式，社会所有经济体交易都可以直接一对一进行，所有的中间环节都被全部剥离了。从金融上来说，由于每个个体点对点交易记录在每一个个人区块里都有储存，所有交易记录都是公开透明的，并可以互相佐证，这是最有力的监督，也是保证信用的有力基础。

区块链技术或可以颠覆一切，重构经济金融信用体系。从金融上来看，区块链技术颠覆的不仅仅是传统金融，而且连支付宝、微信支付等这些中心化的新金融都可能成为"传统"，成为被颠覆之列。目前，大数据征信体系也将被冲击。这就是去中心化核心技术的区块链的威力。

从世界范围来看，区块链技术发展十分迅猛。在欧美日，该技术已经进入某些领域进行实际应用了。但总体来说，区块链技术还处在深度研发阶段。笔者认为，若对金融科技过早监管，将会影响金融科技的创新步伐。

新加坡金融管理局局长孟文能（Ravi Menon）2017 年 4 月下旬在美国华盛顿举行的货币与金融机构官方论坛（OMFIF）演讲时说，对金融科技的监管不应该跑在创新的前头，过早进行监管会抑制创新，可能会阻碍科技被采纳。他指出，只有当新科技展现出来的风险达到一定水平后，金管局才应实施监管，而监管的力度要和风险程度成比例。监管当局需要深度理解新兴科技以及它们所带来的风险和机会，不应惧怕与金融机构甚至金融科技公司的合作。

更重要的是监管部门必须对区块链技术、金融智能等有一个深度了解后才能对症下药，有的放矢地进行监管，否则可能会阻碍科技金融发展。

孟文能举例说，金管局原本不理解云科技（cloud technologies）的风险和好处，直到当局和云服务业者直接合作。这类的合作帮助金管局制定云计算的指导原则,并促进业界采纳指导原则。另外,金管局也和业者直接参与区块链(blockchain)的概念验证(proof of concept)试验,测试这项科技如何应用于银行间的付款服务。

孟文能指出,监管当局在允许试验来推动金融科技发展的同时,也要控制其对消费者和金融系统带来的风险,"监管沙盒"(regulatory sandbox)便可让业者在指定范围内测试新点子。

监管当局可更好地利用金融科技来监管和监督金融机构。监管科技(RegTech)就是一种,其中包括认知运算(cognitive computing)与行为计算(behavioural algorithms),前者可用在大型金融机构的压力测试中,后者可用来察觉可疑的交易和金融机构的不当行为。

国家和社会需要给金融创新留出足够的时间空间,给予足够的试错机会与风险全面完整显现的暴露期;也给监管者留出观察新金融、了解与认清科技金融问题与风险的时间与余地。

● 监管体系的改革与完善

2016 年 3 月 16 日,国务院总理李克强在"两会"的记者招待会上称,随着形势的变化,需要改革和完善金融监管体系,要实现全覆盖,因为现在金融创新的产品很多,不能留下监管空白;要增强协调性,因为金融市场产品之间关联度比较高,协调要有权威,还要做到权责一致。这一讲话预示着新一轮金融监管体系改革即将拉开帷幕,包括"一行三会"的现有体制变革和整合。

当然,我们相信对互联网金融的全方位监管是非常必要的。P2P 平台乱象丛生、风险凸显,使得互联网金融成为金融风险的重灾区。特别是 e 租宝打着互联网金融或者 P2P 旗号开展非法集资等犯罪行为而被查处,使得互联网金融风险更加处于风口浪尖之上。

甚至有人提出了防止互联网金融风险引发金融系统性风险的外行话。乱象引发互联网金融风险被放大,甚至有全面否定互联网金融的舆论趋势,这是一个非常令人担忧的现象。

这里必须理清一些基本概念,必须从全球发展趋势上看待互联网金融的不可取代性以及不可逆转性。目前所谓的互联网金融风险,细细分析其实主要是 P2P 平台乱象丛生爆发的风险,这个风险确实是严重的。但是,从本质上讲 P2P 平台不是互联网金融,只不过是把民间借贷或者说高利贷搬到网上而已。另一个现象同样可以佐证这个观点,即:P2P 平台风险高发,正好与民间借贷违约风险凸显是同步的。不要把互联网金融与 P2P 风险高发混为一谈,这样才有利于互联网金融的发展,才能使得中国在互联网金融领域继续处于领跑地位。

实际上,中国能否保持互联网金融在世界的领先地位,已经非常令人担忧。一方面,西方发达国家在互联网金融上已经觉醒过来,开始急追猛赶,比如:苹果支付、谷歌支付以及高盛集团、花旗银行等都开始进入网络支付特别是移动互联网支付领域,与中国在这方面的差距正在缩小。另一方面,更让人担忧的是,以智能化、大数据、云计算、传感技术以及物联网等为核心的高端技术制造领域正风起云涌,并且开始进入金融服务领域。

虽然在互联网金融阶段中国是发起者,也是领路人,但是中国的金融科技起步阶段已相对落后,这是一个非常值得重视的现象。中国应该重视监管体系的改革和完善。同时也应充分给予新生事物发展和试错的空间。

值得欣喜的是,作为监管牵头部门的央行是清醒的。周小川行长曾在记者会上说:"不要广泛地说互联网金融出现比较多的跑路(现象)。一些互联网金融,在支付、众筹、保险等业务,表现是不一样的。有些表现是很好的,贡献率也很大。失败率比较高的,是P2P和网贷。"

中国人民银行研究局局长陆磊也对媒体表示,互联网金融尽管有很多不确定的风险,但是不能因噎废食,一刀切式的遏制是粗放式的监管。他表示,信息技术对金融业的提升和改造是一个非常值得肯定的趋势,它能有效地降低交易成本,提升金融资源配置的效率。

● 对互联网金融风险不必草木皆兵

2017年政府工作报告将互联网金融风险列入关注的几大金融风险之中。这样一来,在前期整顿的同时,社会舆论有一种对互联网金融风险草木皆兵的导向。其实,对于互联网金融风险,既要认真对待又必须客观看待。

央行有关人士向媒体表示,以蘑菇街、二维火、有赞为代表的电商服务平台在近半年间陆续接受了央行的约谈调研和窗口指导。

"监管层在关注互联网金融的风险之际,留意到不少电商类平台在实际从事业务的过程中使用的是'大商户'和'二清'模式。因为资本的涌入,不少互联网企业近年来发展得很快,但对于监管而言,在合规性问题没有解决的情况下,风险也会随着规模的膨胀与日俱增。"上述人士称。所谓大商户模式是指多家POS商户共用一个商户编码的情况,而"二清"则是指支付公司或银行先将POS机的结算款支付给某一个人或某一家公司,再由这个人或这家公司结算给商户。上述两种模式均属违规行为。

这两种模式的一个客观存在是，在平台上的商户销售款必须进入统一结算系统的平台账户里，而平台以一个总账户在银行开立，平台要扣除提成后才将剩余款划转给商户。这种款项的集中与滞留是不可避免的，也是正常的。正如一位平台负责人所言："平台在发展的最初没有想到过'二清'这个问题，因为本质上说，我们是一个互联网企业，没有想过要去做金融的事情。但是随着企业慢慢成长，到达一定规模的时候，确实在业务层面形成了一定的资金存留。"如果基本的结算模式导致正常的资金滞留也被定性为金融，那么中国互联网新经济的发展必将受到影响。

必须认识到，以互联网电商平台为基础的商户货款、零售资金归集方式与 P2P 模式是完全不同的。这与支付宝初期并不具备金融属性一样，仅仅是一个担保作用。规模大了以后，金融属性就渐渐显露了出来。

有人认为，互联网江湖商业模式日新月异，今日不知明日事。在每一个细分领域里，排名前三的企业遇到问题也许拥有很好的自我修复能力，排名靠后的就不一定了，起高楼、宴宾客、楼塌了都是瞬息之间的事。这就是监管前置的必要性。

这种想法绝对要不得。对待互联网新经济、新金融绝不能监管前置，更应该事中事后监管。互联网新经济、新金融是一种快速高效、透明公开配置资源的方式，如果在互联网经济或者企业尚未发展起步之时就把监管的大刀高高举起，那么一是监管必然无的放矢，发生一刀切、将脏水与孩子一起倒掉的情况，二是最终将中国新经济、新金融扼杀在萌芽摇篮与起步阶段。对此必须引起高度重视！

第二节 他山之石,美国的金融监管

2015 年政府工作报告对互联网新经济业态给予前所未有的重视,其中两处提到互联网金融:在回顾 2014 年工作时,提及"互联网金融异军突起";在谈到 2015 年工作时,要求"促进互联网金融健康发展"。从中可以看出决策层对互联网金融的新认识,对其地位的新看法。

实际上,从李克强总理此前视察深圳前海微众银行的谈话分析,决策层至少在两个方面对互联网金融寄予厚望。一方面是希望互联网金融发挥草根金融的优势,在解决中小微企业融资难问题上发挥作用;另一方面是希望互联网金融对铁板一块的传统金融带来一定冲击,倒逼传统金融加快改革和转型步伐。

金融监管部门需要深刻理解报告中对"互联网金融异军突起"表述的深义,继续给互联网金融足够的发展期、观察期,真心实意保护好这个新业态,而不要急于设置门槛。

任何事物在发展初期都会出现鱼目混珠的乱象,而金融业是高风险行业,危害性更大一些。一些机构挪用或占用客户资金,甚至制造庞氏骗局,造成人民群众经济损失。所以监管部门既要坚决打击不正当竞争引发的扰乱正常经济金融秩序的现象,又要合理保护互联网金融的创新能力与发展空间,这无疑给监管部门带来巨大的压力。

在这里不妨借鉴分析下美国是如何对待金融创新的。20 世纪 30 年代，美国发生了经济金融大危机，从 1929 年到 1933 年，倒闭的银行达 9108 家之多，引起非常严重的后果。因此美国国会通过了《格拉斯—斯特格尔法案》（亦称《1933 年银行法》），对银行的业务从三个方面进行了管制。一是为了防止恶性竞争，禁止银行对活期存款支付利息，对其存款利率也有上限的规定。防止银行放款的过分扩张，规定银行不能做长期放款，而只能从事短期借入、短期贷出的业务，为工商业提供流动性。二是严格限制银行业务的范围。三是不准银行跨州经营。

  上述法案通过以后，30 年的时间，银行家一直按照 3－6－3 规则过日子：他们对储户按 3％付息，对借款户按 6％收息，下午 3 点出现在高尔夫球场上。他们不用和同行竞争，地位和特权稳稳当当，银行也不愁没有生意。

  但是到了 20 世纪 60 年代初期，一方面工商企业对资金的需求已超过银行的资金来源，另一方面储户由于存款没有利息或利息太低而把存款转移到其他投资上，迫使银行不得不设法开辟新的业务来吸收存款，也迫使管制当局不得不稍微放松管制。

  银行创新出的可转让大额定期存单实际上就是为了逃避利率 Q 条例上限的限制。面额高于国库券的利率，其实是变相提高存款利率。

  与余额宝最为相似的是货币市场互助基金的创新工具。在利率上限没有取消、通货膨胀已高达两位数的情况下，活期存款没有利息，储蓄存款上限只有 5％，长期储蓄也只有 8％，储户感到在银行存款很不合算，银行存款越来越没有吸引力，于是金融市场上的互助基金开始与银行争夺存款。货币市场互助基金是投资公司组织的，由投资人将资金投入互助基金，购买基金的股份。互助基金将资金集中起来，起初在金融市场上经营短期证券。到了 20 世纪 70 年代末期和 80 年代初期,货币市场互助基金吸收投资人的小额资金,用来投资于银行的可转让大额定期存单、商业票据、银行承兑汇票和国库券等短期票证。这与余额宝货币基金投资于银行同业协议存款品种惊人相似。

20 世纪 60 年代到 80 年代初期是美国金融市场创新大爆炸阶段。除了可转让大额定期存单、货币市场互助基金两大品种外,又出现了可转让支付命令账户、个人退休金账户、股金汇票账户、电话转账制度、自动转账制度、货币市场存单、小储蓄者存单、存款协定账户、货币市场存款户、超级可转让支付命令账户等等。之所以叫这些金融工具产品为"金融创新",就是其绕过了《1933 年银行法》,特别是逃避了利率 Q 条例上限的限制,或者是在打法律和监管政策的擦边球。

美国监管当局是如何对待上述金融创新的呢? 首先,从 20 世纪 60 年代初期到 80 年代初期,观察期长达 20 年之久。

其次,到 20 世纪 80 年代采取两项措施:1980 年 3 月,美国国会通过并经卡特总统签署公布《1980 年放宽对存款机构管制及货币控制法案》,其中包括:Q 条例对存款利率的限制将在以后 6 年中放宽以至取消;对可转让支付命令账户、货币市场互助基金等金融业务创新品种,允许在全美国各类金融机构办理。

再次,为了应对放宽后的金融风险伤及投资者和储户的问题,对存款保险的金额由 4 万美元提高到 10 万美元。对资金运用方面如消费者贷款等都全面放开,不加限制。1986 年 4 月,美国最终取消了存折储蓄账户的利率上限。对于贷款利率,除住宅贷款、汽车贷款等极少数例外,也一律不加限制。至此,Q 条例完全终结,利率市场化得以全面实现。

这对中国对待金融创新特别是互联网金融与金融科技创新监管的启示

是，要给予长达10年以上的观察期，要保护鼓励创新，最终承认金融创新的合法地位，应对金融创新可能放大的风险，不是限制创新的脚步、围剿创新者，而是监管部门自己另外设计一套疏堵并举、不丝毫伤及创新的制度安排。比如：1983年美国对存款保险的金额由4万美元提高到10万美元就是应对存款管制放开以后可能增大风险的最好措施。

美国金融创新的概念就是针对金融监管政策措施手段体制的漏洞甚至可以说钻监管空子创新出金融产品。金融创新的风险可以倒逼监管部门弥补监管政策漏洞，提升监管政策水平。就是在这种商业银行创新—中央银行监管—商业银行再创新—中央银行再监管的良性循环往复中，实现商业银行金融产品丰富化、完善化。

面对互联网金融创新与出现的风险，国家间应该加强合作，相互借鉴对待金融创新与对金融风险进行监管的行之有效的做法。不仅让互联网金融的假冒者——P2P网贷面临生死选择的大洗牌，而且让发展非常健康的互联网金融理财、非银第三方支付企业等得到保护，促进其健康发展。

● 美国拟给金融科技公司发放银行牌照

2017年3月中旬，美国货币监理署（OCC）对外发布了向金融科技企业发放许可牌照的草案，这份许可手册草案全称为《金融科技企业申请评估章程》（*Evaluating Charter Applications From Financial Technology Companies*）。与此同时，OCC还发布了一份概要，总结了其自2016年公布相关概念性指南后收到的100余条评论。

在金融科技迅猛发展的同时，美国监管部门反应迅速，立即以发放金融科技公司银行牌照为名义,将其收进"笼子里"进行管理。无论从申请章程文件本身,还是从美国货币监理署的策略来看,都凸显美国金融监管体制的成熟。

美国监管机构匆匆动议对金融科技进行监管与发放银行牌照,基础是美国金融科技发展迅速。无论以区块链为主的数字货币,还是以人工智能为主的智能投顾,以及一系列智能金融服务设备,美国都走在了全球前列,美国金融科技已经从研发到投入运用阶段了。

回到前述的美国OCC发布草案。一些机构认为,OCC此番声明开创了一个危险的先例,它无视了国会两党的反对,会为消费者和纳税人带来新的风险。OCC的新章程取代了现行国家对消费者的保护措施,却没有推出相当的替代机制,同时还使纳税人遭受金融科技必然失败的风险,两项结合十分危险。这种认识显然是把金融科技当作洪水猛兽,当作金融的新风险源,这是非常浅薄的观念,没有看到金融科技的本质。

另一些机构和人士认为,OCC的构想经得起推敲吗?金融科技公司对金融系统的很多方面都造成颠覆式创新,在联邦层面大一统的监管规章可能会限制并伤害创新精神。这一观点对金融科技的认识较为透彻与深刻,担心章程草案的出台给金融科技套上枷锁,影响其创新。

决定向金融科技公司发放特殊目的国家银行牌照是出于对公共利益的考虑,这符合OCC的特许执照发放标准。OCC在说明章程草案制订时提出了三大理由:一是在现代经济中,科技公司给几百万美国人提供了主要的金融服务,特殊目的国家牌照能给这些公司制定一个统一标准和监督管理的框架;二是给双轨银行制度提供了支持,金融科技公司依据联邦法向消费者提供理财产品与服务;三是可以使金融体系更加强大,金融科技公司成为特殊目的国家银行可以促进金融体系更加繁荣、现代化和有竞争力。OCC认为，这一构想只是给金融科技企业的运营增加了一项选择，每一层的监管机构都能在现有架构外进行新的思考，将有助于整体创新，也有助于发现尚无先例的好方法。

在金融科技总体处于萌芽时阶段时，监管部门应该给金融科技这个最具创新活力的新业态以足够的发展试验时间与空间。作为一个新事物，即使出现一些风险也不要惧怕，只有风险与问题充分暴露出来，监管才能有的放矢、政策才能对症下药。

● 美国国会议员谈金融科技监管

如何看待金融科技，特别是监管部门如何看待金融科技，这十分重要。许多国家的创新特别是金融创新都是死在监管上，这个教训是十分深刻的。

美国作为世界头号经济金融大国，从根本上说，支撑力在于创新，在于科技推动。每次经济金融危机后，美国经济都屹立不倒，特别是2008年全球金融危机发生后，美国率先复苏，主要还是靠科技创新的支撑。

2008年危机时，微软、英特尔、IBM等科技公司基本毫发无损。危机过后，苹果公司、脸书、谷歌、亚马逊、特斯拉等科技巨头异军突起，支撑美国经济快速复苏。其原因关键在于美国有一个开放、宽容、容许试错的创新环境。

尽管这样，美国国会议员们仍不满意。国会议员们持续不断挑毛病，找问题，倒逼或者直逼监管部门不断改善监管，防止因为监管不当影响创新创造，耽误了美国经济金融科技发展之大计。

近期，在金融科技上就发生了这样一幕。美国国会议员 Patrick McHenry

日前指出,美国的金融监管正面临拐点,监管部门可以选择"要么引导世界,要么远远地被抛在后面"。

McHenry认为,FinTech(金融科技)的想法将革命人类跟金融之间的关系。他以亚马逊的发展为例,称FinTech就像20年前的亚马逊。"20年前,很多人嘲笑亚马逊,说亚马逊不过是一个电商和网页。现在,那时的'电商和网页'要反过来笑他们了,任何零售业都必须要向亚马逊学习。"金融科技绝对是一个革命性、颠覆性的东西。它对传统金融的改变与颠覆是完全彻底的。

就拿区块链技术来说,其去中心化的本质将彻底改变金融本质的信用体系,甚至颠覆央行、商业银行、各类交易所等传统金融中介化产物。这是不可想象的。

同时,关键还在于金融科技的普惠性。传统金融是服务20%的客户来赚取80%的利润,也就是说80%的客户或者经济体根本享受不到传统金融的雨露滋润。那么,80%客户的金融需求怎么办?而互联网金融、金融科技的诞生就是给这80%的客户量身定做的。McHenry理解得最为深刻。

McHenry介绍,所有的美国家庭都需要割草,而自己的父亲通过帮人割草赚钱。"幸运的是我父亲用当时的贷款融资创新——信用卡买了割草机,从而建立起了他的小微企业。虽然他的生意没有改变世界,但却改变我的家庭生活,他的生意可以使我上学,让我达成某个梦想。"McHenry称,父亲的小微企业不是颠覆性的革命,但是对自己的家庭和社区产生了重大影响。因此,McHenry对创新很重视。

"金融技术不可能一夜之间改变美国民族,在华盛顿现有的法律框架中,找不到金融或FinTech的相关法律,更何况是监管人。而且就算找到了监管人,这个监管人也不一定愿意坐下来跟你谈。"事实上,这些问题中,最重要的是在华盛顿要跟谁谈。McHenry 补充道，直到目前，这个问题还没有一个明确的答案。

比如说您在较穷的社区或是乡下就没有创新的福利，我们要解决的就是这些方面的问题。我想 FinTech 就是解决这个问题的方法，但是这样一来，监管就要改变。"McHenry 说。

McHenry 强调，希望 FinTech 可以引起更加广泛的讨论，以敦促监管部门在金融方面更快地革新。此外，McHenry 希望所有的机构进行创新合作，这将让所有监管部门为金融创新打开大门，让新想法进来，让技术蓬勃发展。"这是在金融方面主要的思维改变，特别是美国管理体系。"

"这是我们必须选择的，所以监管部门要把 FinTech 作为创新而不是作为危险。监管部门要认识到消费者保护和创新并不矛盾。希望金融企业要积极跟华盛顿互动，让监管能够听到你们的心声。"

美国国会议员的呼吁分量是很重的。也许正是这样一种呼声，使得美国货币监理局开始着手给金融科技公司发放银行牌照了。

美国金融监管部门的迅速反应值得其他国家和地区借鉴与学习！

● 应合理整治互联网金融

2016 年 4 月 14 日，国务院组织 14 个部委召开电视会议，将在全国范围内启动有关互联网金融领域的专项整治，为期一年。当日，国务院批复并印发与整治工作配套的相关文件。据悉，文件由央行牵头、十余个部委参与起草。

不可否认，近年来 P2P 网贷乱象丛生，非法集资、非法吸收存款、大搞资金池、高杠杆配资、平台虚假承诺担保和超过自身实力担保的情况屡见不鲜，给投资人造成较大损失,扰乱金融秩序,成为民间金融风险的隐患。整顿 P2P 网贷等互联网平台上的非法融资行为是完全必要的。

实际上,近几年来,监管部门对 P2P 等问题严重、风险较大的企业做到了最大容忍度,一直让其按照完全市场化的方式发展。即使在风险逐步暴露,甚至发生较大企业风险后,仍然寄希望于 P2P 企业进行市场化自律规范。监管部门也多次警示提醒不能触碰红线,可谓做到了"仁至义尽"。但是,一些企业包括大型 P2P 网贷平台对这种"警示"置若罔闻,依然我行我素,大搞资金池,甚至非法集资,非法吸收公众存款,最终侵害投资人利益,造成局部金融风险,让百姓怨声载道。监管部门忍无可忍,开始投入较大力度整顿 P2P 网贷等金融业态。

金融企业具有行业特殊性。特殊是指它经营的是特殊商品,即以货币资金资本为经营标的和对象。这就决定了其在经营过程中一个最大的特点是风险大,并且极易引爆风险,其对风险的承受能力也较为脆弱。甚至不论企业自身是否健康,一个谣言、一则负面消息都可能使其发生声誉风险,最终引爆挤兑风险。也就是说,再健康、再安全的金融企业,一个负面传闻或谣言都可能使其发生挤兑风险最终导致关门破产。所以,监管部门要特别注意整顿的力度与范围,社会舆论也要做到积极引导,避免一边倒的情况发生。

因此,应合理整顿金融企业,包括 P2P 行业,"谁发生问题整顿谁、查处谁、法办谁",这是正确的思路。从非法集资、非法吸收公众存款、搞资金池、超过自身实力担保等方面分析 P2P 平台的违规违法行为,都能在现有法律法规中找到依据,发生一起,发现一起,查处一起。

因此,监管整顿必须有明确重点,避免误伤到其他金融类型。

所谓互联网金融发展中的"风险频现",也反映出无论是监管部门,还是互联网金融行业企业等，对于扑面而来的全球性互联网、大数据、智能化等大浪潮，都还不完全适应。欧美金融科技大潮已经汹涌而来，中国互联网金融更要确保健康有序发展，这不仅需要严格的自我约束，更需要合理有力的监管。

第三节　以互联网思维监管金融科技

金融科技正在飞速发展，与此同时，对其监管也被提上日程。此前，美国货币监理局已经出台条例，给金融科技公司颁发银行牌照，将其收归到监管制度框架以内，使其合法化，给予其合法地位。虽然这种做法仍存在争议性，但是至少说明金融科技最为发达的美国已经将金融科技监管提上议事日程，这给全球各国带了一个好头。

必须认识到，大数据、云计算、区块链技术、人工智能、密码技术、移动互联网技术在金融领域的应用，构成了对传统金融颠覆性的冲击。

金融科技是以大数据、云计算、人工智能、区块链技术、互联网特别是移动互联网、物联网、传感技术等为核心的新经济、工业 4.0 催生出的新金融。有人说是互联网金融的 2.0 版。

互联网金融、金融科技与传统金融有着本质区别。2015 年 5 月份，作者在杭州拜访阿里巴巴集团技术总监，有中国云计算、大数据第一人称号的王坚先生。在一个上午的谈话中，王坚先生反复强调，互联网金融、金融科技与传统金融不是一个东西,也没有竞争关系。互联网金融、金融科技是飞机与高铁,而传统金融是马车。传统金融客户在线下,而互联网金融、金融科技客户在线上,二者的客户群体根本不在一个定位上,也就不存在竞争。竞争的平台不一样。

既然金融科技与传统金融不是一码事,完全是现代科技武装起来的新金融,而且是以互联网特别是移动互联网、大数据、云计算、区块链、人工智能等核心内容改造的金融,用传统金融的监管体系对其进行监管,具有不适用性,甚至还会限制与扼杀金融科技创新。

必须用互联网思维与适应新经济特点的监管思路,制定金融科技监管框架,监管金融科技。互联网思维,就是开放、透明、开阔、无边界、点对点的监管思维。以此对照中国监管部门对金融科技的监管思路,确实还存在一定的偏差与距离。

从统领互联网金融与金融科技监管工作的央行官员处放出的信号是,要处理好金融科技安全和效率的关系,运用"监管沙箱"机制防范创新风险;对业务穿透式监管防止风险交叉传染。

金融科技利用大数据、云计算、人工智能等技术,使得金融交易更加快速高效。最重要的是金融科技包括互联网金融本质是有利于防范金融风险,快速识别金融风险的,而不是放大金融风险、加速金融风险。真正的互联网金融与金融科技是以大数据、云计算为基础的,这二者的目的就是快速准确获取金融交易者的信用状况,目的是防范金融交易风险。互联网金融、金融科技有利于防范金融风险的思想认识必须树立起来,助推金融风险的片面观念必须纠正。

在建立金融科技监管上,英国监管部门曾提出运用"监管沙箱"来防范创新风险。监管沙箱即通过提供一个缩小版的真实的市场，允许企业对创新的产品、服务模式进行大胆的尝试，及时地发现并且规避产品的缺陷和风险的隐患，监管者也可以通过测试来掌握创新的本质，有效地评估风险，决策开放的范围，并判断对现有监管规则的影响，从而在风险可控的前提下促进金融科技创新，引导金融科技向有利于消费者权益的方向发展。这是一种保守监管传统金融创新的做法，并不适应金融科技。

2017年4月上旬，中国人民银行科技司司长李伟出席CFA协会主办的"FINFECH与金融服务的未来"之巅峰时，提出了采取大数据、云计算、人工智能等技术监管金融科技的做法，金融监管部门通过运用大数据、云计算、人工智能等技术，能够很好地感知金融风险态势，提升监管数据的收集、整合、共享的实时性，有效地发现违规操作、高风险交易等潜在问题，提升风险识别的准确性和风险防范的有效性。

金融机构采取对接和系统嵌套等方式，将规章制度、监管政策和合规要求翻译成数字协议，以自动化的方式来减少人工的干预，以标准化的方式来减少理解的歧义，以便更加高效、便捷、准确地操作和执行，有效地降低合规成本，提升合规的效率。

● 换种思维看 P2P 风险

对于互联网金融的风险，社会各界看法和观点分歧一直较大。监管部门、传统银行业、个别专家认为互联网金融风险很大，亟待监管。尤其P2P平台跑路事件频发，在许多人眼里，互联网金融已成了风险之源。而互联网金融企业的大部分专家认为，互联网金融风险被放大了，过度强调互联网金融风险将扼杀创新。

对互联网金融的认识差异大,是非常正常的现象。毕竟互联网金融是在互联网新经济基础上诞生的新事物。相对传统金融,这是个伟大的创新。任何新事物的诞生都有一个认识过程,"法律定位不明确,业务边界模糊",恰恰说明互联网金融的创新属性。

监管部门发现金融机构创新出逃避监管制度框架的产品和业务后,应该给予金融机构创新产品以足够的发展期和风险点暴露期,以使监管部门有足够的观察期特别是风险点甄别识别时间。在摸准这些创新产品和业务的风险点后,再出台相应的监管制度办法。然后金融机构再创新,监管部门再监管,循环往复,最终使金融产品越来越丰富,金融监管制度体系越来越完善。这是个良性循环的过程。

至于说"客户资金第三方存管制度缺失,资金存管存在安全隐患"的风险,则不仅是互联网金融企业,许多第三方支付和资金结算机构都存在。以笔者的观察,目前"客户资金第三方存管制度"最完善的应属证券客户结算保证金第三方存管制度,其次是期货客户保证金第三方存管制度。其他都还很不完善,特别是大宗商品交易资金第三方存管等都还不是强制性的。因此,这是整个客户资金第三方支付层面的制度缺失。

其实,对于金融行业来说,完善和健全风控制度是个永久的课题,就是金融业"百年老店"也不敢妄言他们的风控制度已健全了。要论"可能引发经营风险",现在看来主要集中在 P2P 网贷平台上。P2P 网贷平台近年来确实出了不少麻烦,存在一些危及客户资金安全,甚至非法吸收公众存款和非法集资的违法问题。但笔者认为,大部分 P2P 网贷平台不能真正代表互联网金融,只不过是把网下的民间借贷搬到网上而已。P2P 网贷最大的贡献,是借贷信息传递效率高了，对称了，可获得性强了，但其与线下民间借贷相比较，金融风险不仅没有减少反而可能在放大。

真正建立在互联网新经济基础上的互联网金融、金融科技，不但能提高金融资源配置效率，而且在金融行业核心的风险防范上比传统金融有更大优势。比如电商，借助大数据挖掘分析的优势，能深度挖掘金融交易对手的信用资源状况，如生产、库存、流通、销售、结算现金流、财务数据流等最真实的静态动态情况，从而决定是否与金融交易对手发生金融交易。这就是互联网新金融、金融科技的最大优势。

而我国在金融资源配置上存在的最大问题，恰是将金融交易对手的信用财富几乎全部浪费掉了。由于把一切金融交易对手都预先假想为"失信之徒"，信用基础坍塌，一切金融交易随之变得异常复杂，效率极低。比如，无论客户信用如何，贷款一律都需要担保抵押，这就使得金融交易变得极为复杂。传统金融机构没有鉴别谁讲信用，谁是失信之徒的有效手段。而互联网金融可以很好地解决这个问题，阿里小贷公司就是互联网金融的标本和典范。

说金融是高风险行业，主要是指不讲信用的违约风险。所以，只要能快速甄别出金融交易对手的信用状况，金融风险就会大大降低，互联网金融在今天已能做到这一点。把金融交易主体的信用财富挖掘出来，利用起来，这是互联网金融划时代的创新和贡献。

而对部分 P2P 网贷平台等互联网金融的"假洋鬼子"，则须大力整顿和监管。对于非法吸收公众存款和非法集资活动，司法部门应立即介入，坚决打击，迅速查处。绝不能让事故不断的 P2P 网贷平台毁了互联网金融的广阔发展前景。

● 为不设注册资金门槛的 P2P 监管办法点赞

2016 年 8 月,银监会、工信部、公安部、网信办四部门发布《网络借贷信息中介机构业务活动管理暂行办法》。《办法》对现有 P2P 企业最大的冲击在于将 P2P 定位为金融"信息服务中介机构"而非信用机构。定位为纯网络借贷信息中介机构是保证平台安全,保证其不在金融上违法违纪违规的治本之策。

纵观《办法》全文,核心亮点有以下几个:P2P 行业将实行负面清单制,不设注册资金门槛;明确禁止参与股票市场配资和股权众筹等业务;P2P 平台必须选择符合条件的银行业金融机构作为资金存管机构;遵循"谁审批、谁监管"的原则,由地方金融办负责风险防范与处置。

P2P 行业实行负面清单制,不设注册资金门槛,这一点相比预期略宽松,是一大进步,值得肯定。监管上划出红线,划定不能触碰的地方,在这个红线以外,"法无禁止即可为",可以极大地激发 P2P 企业创新的活力。比如,在"负面清单"中,P2P 不得进行自融自保,不得直接或间接归集资金,不得承诺保本保息,不得向非实名用户推介项目,不得进行虚假宣传,不得发放贷款,不得将融资项目的期限进行拆分。这就明确了 P2P 不能吸收公众存款、不能搞非法集资、不能超过自身实力担保、不能搞资金池等业内默认的监管原则。不设注册资金门槛,亦无杠杆倍数限制,是完全符合 P2P 草根金融特性的,负面清单制度用在 P2P 行业监管上是开明和智慧的决策。

监管上遵循"谁审批、谁监管"的原则,由地方金融办负责风险防范与处置。这意味着 P2P 将不发牌照,而是采取类似小贷协会的管理方式,推动行业自查自纠、清理整顿等。这一点也非常值得期待和肯定,仅此一招将大大促进 P2P 企业的发展,这对解决实体经济特别是中小微企业融资难问题将起到更加积极的作用。

在债权转让方面,此前有市场消息称,监管将规定网贷中介在取得借贷双方同意后,可对持有期超过 30 天以上的融资项目债权进行"一对一"的转让信息服务。不过,《办法》并未明确禁止债权转让、资产证券化业务,也未禁止融资项目收益权与基础资产相分离等业务。这对于同样面临"资产荒"的 P2P 公司而言,是一个重大利好,最大的意义在于通过场外金融资产包括资产证券化的推进以及完全市场手段配置转让,彻底激活场外金融资产,从而倒逼金融监管体系内一直难以推进的包括资产证券化在内的金融资产转让市场进行改革。

当然,《办法》也有值得继续探讨和商榷的地方。比如明确禁止参与股票市场配资和股权众筹、理财产品销售等业务,这一点还是有商榷余地的。

再有就是,《办法》要求 P2P 平台必须选择符合条件的银行业金融机构作为资金存管机构,这一条在央行出台的《促进互联网金融健康发展意见》中就初露端倪,这个《意见》规定 P2P 平台只能将资金存管在商业银行。P2P 平台第三方资金存管非常必要,但存管机构不能仅限于银行,也应该包括非银网络第三方支付结算机构。从现状出发,目前存管在非银网络第三方支付机构里的占绝大部分,而存管在银行里只占百分之几,这个现实必须面对和考虑。据说目前只有 30 多家 P2P 公司在银行存管资金,而大小 4000 多家公司大部分在非银网络第三方支付机构里存管资金。如果硬性规定必须由银行存管资金的话,几千家公司都将不合格,都需要把资金搬到银行,这样的话,不排除引发一些金融风险。因此,应该将非银网络第三方支付机构纳入资金存管范围。

● 最严资金存管制度促进网贷良性发展

为防范网络借贷资金挪用风险,银监会 2017 年 2 月 23 日发布《网络借贷资金存管业务指引》(以下称《该办法》),要求实现客户资金与网络借贷信息中介机构自有资金分账管理。

《该办法》基本全盘借鉴证券客户交易结算资金第三方存管的机理,来对网贷客户交易资金实行第三方存管。从证券客户交易结算资金第三方存管制度开展十多年看,是完全成功的。它杜绝了券商挪用客户证券交易保证金的现象,确保了客户资金安全,没有发生挪用客户资金的情况。

将其照搬到网贷客户资金管理存管上,大方向没有问题。关键在于具体细节上是否存在瑕疵,需要时间来证明。毕竟网贷客户资金与证券客户交易结算资金性质不完全一样。

《该办法》具有几个鲜明特点。其一,网贷机构只能指定唯一一家商业银行作为资金存管机构。必须是商业银行,还必须是唯一一家。这与证券客户交易结算资金第三方存管不一样。后者可以选择若干家。其结果或造成多家银行竞争抢夺优质网贷平台,或导致一些网贷平台找不到存管银行。

其二,商业银行担任存管人,不应被视为对网络借贷交易的担保。商业银行不对网络借贷资金本金及收益予以保证或承诺,不承担资金运用风险。出借人须自行承担网络借贷投资责任和风险。《该办法》明确了存管银行不承担借贷收益与偿还责任是非常正确的,同时也明确网贷平台在宣传时不能拉大旗作虎皮提及存管银行,让存管银行给其站台和增信。强化出借者自担风险责任是没有任何异议的。

其三，对已经开展存管业务的网络借贷信息中介机构和商业银行，有不符合要求的，给予 6 个月内的整改期。

《该办法》实施后，目的在于加强网贷客户资金管理，确保客户资金不被平台挪用，但同时也提高了网贷平台企业的门槛。由于网贷平台风险频现，跑路不断，信誉信用度过低，商业银行对其心有余悸、谈虎色变，根本不敢与之接近。因此，《该办法》的实施将引发现有网贷平台大洗牌是注定的。优质、大型、信用信誉程度高的网贷平台，商业银行争先恐后做第三方存管者，而大部分小型网贷平台，银行或都避而远之。

同时，必须看待《该办法》也存在几个明显不足或导致出现一些状况。一是对存管银行责任强化较弱。比如，一旦发生客户资金被挪用后存管银行负什么责任？模糊与不清楚。《该办法》明确存管银行可以收取存管费用，那么相应应该负担一定责任。存管银行说到底要对客户资金被挪用负监管不力的责任。否则，就失去第三方存管的意义了。

二是所谓"存管"，是指以存款的形式由第三方银行负责资金的管理模式。不过，《该办法》没有明确对网贷客户资金以存款形式放在银行是否支付利息，而仅明确了双方（网贷平台与存管银行）协商存管收取费用。

三是《该办法》的实施或将导致一些网贷平台被逼迫沦落到从事地下民间网络借贷的地步。以网络平台形式出现的民间借贷市场或在地下悄悄诞生。

图书在版编目（CIP）数据

金融科技：大数据、区块链和人工智能的应用与未
来 / 余丰慧著. —杭州：浙江大学出版社，2018. 3(2019.4 重印)
ISBN 978-7-308-17715-3

Ⅰ.①金… Ⅱ.①余… Ⅲ.①金融—科学技术—研究
Ⅳ.①F830

中国版本图书馆 CIP 数据核字(2017)第 319617 号

金融科技：大数据、区块链和人工智能的应用与未来

余丰慧 著

策　　　划	杭州蓝狮子文化创意股份有限公司	
责任编辑	黄兆宁	
责任校对	杨利军　汪　潇	
封面设计	张志凯	
出版发行	浙江大学出版社	
	（杭州市天目山路 148 号　邮政编码 310007）	
	（网址：http://www.zjupress.com）	
排　　　版	杭州中大图文设计有限公司	
印　　　刷	浙江印刷集团有限公司	
开　　　本	710mm×1000mm　1/16	
印　　　张	17.5	
字　　　数	234 千	
版 印 次	2018 年 3 月第 1 版　2019 年 4 月第 4 次印刷	
书　　　号	ISBN 978-7-308-17715-3	
定　　　价	52.00 元	